BLACK&DECKER®

LA GUÍA COMPLETA SOBRE

TECHADOS

FACHADAS Y ACABADOS DE EXTERIORES

Creative Publishing
international

MINNEAPOLIS, MINNESOTA
www.creativepub.com

Creative Publishing
international

Derechos Reservados © 2010
Creative Publishing international, Inc.
400 First Avenue North, Suite 300
Minneapolis, Minnesota 55401
1-800-328-3895
www.creativepub.com
Todos los derechos reservados

Impreso en China

10 9 8 7 6 5 4 3 2 1

Library of Congress Cataloging-in-Publication Data: (on file)
Biblioteca del Congreso. Información de esta publicación catalogada:
(en archivo)

Presidente y Director: Ken Fund

Home Improvement Group:

Editor y Director: Bryan Trandem
Editor Administrador: Tracy Stanley
Editor Principal: Mark Johanson
Editor Redactor: Jennifer Gehlhar

Director Creativo: Michele Lanci-Altomare
Directores Principales de Diseño: Jon Simpson, Brad Springer
Administrador de Diseño: James Kegley

Director de Fotografía: Steve Galvin
Coordinador de Fotografía: Joanne Wawra
Director de Escenografía: Bryan McLain
Asistente de Escenografía: Cesar Fernandez Rodriguez

Administradores de Producción: Laura Hokkanen, Linda Halls

Editor Contribuidor: Chris Marshall

Diseñador Gráfico Artístico: Danielle Smith
Fotografía: Andrea Rugg
Auxiliares de Escenografía: Charlie Boldt, David Hartley

Fotografía de la portada cortesía de: Alcoa Home Exteriors, Inc.
www.alcoahomes.com

Traducción al idioma Español: Edgar Rojas-EDITARO
Edición en español: Edgar Rojas, María Teresa Rojas
Diagramación: Edgar Rojas

La Guía Completa sobre Techados, fachadas y acabados de exteriores
Creado por: Los editores de Creative Publishing International, Inc., en colaboración con Black & Decker®.
Black & Decker es una marca registrada de Black & Decker Corporation y es usado bajo licencia.

AVISO A LOS LECTORES

Para una mayor seguridad, sea cuidadoso, precavido y utilice el buen sentido común cuando siga los procedimientos descritos en este libro. La editorial y Black & Decker no pueden asumir ninguna responsabilidad por daños causados a la propiedad ni a las personas debido al mal uso de la información aquí presentada.

Las técnicas mostradas en la obra son de característica general para varios tipos de aplicaciones. En algunos casos, será necesario el uso de técnicas adicionales no presentadas en el libro. Siempre siga las instrucciones de los fabricantes incluidas en los productos ya que al apartarse de las instrucciones podría cancelar las garantías. Los proyectos a lo largo de esta obra varían según los niveles de conocimiento requeridos: algunos quizás no son apropiados para el usuario promedio, y otros pueden requerir de asistencia profesional.

Consulte al departamento de construcción de su área para información de permisos de construcción, códigos y normas relacionadas con su proyecto.

Contenido

La Guía Completa sobre Techados, fachadas y acabados de exteriores

Introducción

El techado, la fachada, los aleros, terminados y acabados de la vivienda forman una cubierta de protección contra los efectos de la naturaleza, y su importancia se extiende más allá del objetivo inicial de mantener seco el interior de la casa. Cuando estos elementos se seleccionan e instalan cuidadosamente, crean una apariencia y resultados importantes que adicionan valor a la propiedad, mejoran la apariencia del vecindario y en general hacen sentir más orgulloso al dueño de la propiedad. Por lo tanto, sin importar si necesita reemplazar las tejas viejas (pueden ser de diferentes materiales, tamaños y formas), o si sólo desea mejorar la apariencia desteñida del color de la fachada de su casa, sus esfuerzos por lo general traerán beneficios desde el punto funcional y estético. Es casi que imposible fallar en este tipo de proyectos cuando se cuenta con la dirección y guía correctas.

Contrario de lo que quizás pueda pensar, no necesita contratar obreros expertos para reemplazar un techo, instalar un chapado de fibra de concreto, o colgar una nueva cornisa. Si disfruta de nuevas experiencias y cree que posee la habilidad suficiente para realizar este tipo de proyectos, ya tiene lo que se necesita para concluirlos exitosamente. Al llevar a cabo este tipo de trabajos por sí mismo puede ahorrar cantidades de dinero, lo cual es un gran incentivo para cualquier propietario con limitaciones en su presupuesto. ¿Cree que está dispuesto a enfrentar este reto? Si la respuesta es afirmativa, *La Guía Completa sobre Techados, fachadas y acabados de exteriores* es el manual perfecto para iniciar el trabajo y guiarlo paso a paso en el proceso.

La primera parte de esta obra presenta una serie de bellas y vistosas fotografías de una variedad de productos de acabados para fachadas instalados en diferentes viviendas contemporáneas para ofrecerle una idea inicial sobre las posibilidades. La siguiente sección, Planear para un nuevo techado y fachada, le ayuda a convertir sus sueños en realidad a medida que planea los proyectos de techado, chapados o fachadas. Esta parte explica cómo evaluar sus necesidades e identificar los problemas actuales en el exterior de la vivienda. Luego tendrá en sus manos una detallada guía sobre los últimos productos disponibles

en el mercado. Nunca antes las opciones para trabajar con techos, chapados o fachadas (ahora teniendo en cuenta el ahorro de energía) habían estado tan fácil a la disposición del usuario. Sin dedicar mucho tiempo en esta sección del libro, tendrá una buena idea sobre la apariencia, funcionamiento y valor de lo que necesita. También le mostraremos cómo evaluar sus proyectos correctamente y cómo trabajar con seguridad en elevaciones altas —esencial para llevar a cabo este tipo de proyectos—.

Las siguientes secciones se enfocan en la instalación de techados, chapados, trabajos en concreto o cemento, y fachadas exteriores. Las instrucciones precisas paso a paso, junto a las claras fotografías, muestran técnicas profesionales de instalación para casi cualquier producto para techado, fachada, ventilación y chapado, disponible en el mercado: tejas de asfalto, tejado de metal, tejas de tablilla de madera, techos de cerámica y de rollos de asfalto, y chapados de todo tipo (incluyendo estuco, lajas de piedra y cemento). Luego explicamos cómo instalar sistemas importantes de canales y ventilación en techos y cornisas. Por último, los toques finales de decoración son revelados en cómo completar la fachada exterior de la vivienda con ventanas y puertas con molduras de ladrillo, construir y colgar canales, y adicionar otros elementos decorativos a gabletes (techos inclinados), vigas y cornisas.

Una vez el exterior de la vivienda haya sido terminado, le mostraremos cómo expandir su durabilidad y maximizar su inversión. En las últimas secciones aprenderá cómo limpiar, pintar y aplicar colores, y cómo llevar a cabo reparaciones esenciales en el techado, chapados, en elementos contra la humedad, canales, marcos y superficies de concreto o cemento. Aún cuando si estos trabajos no serán necesarios en los años siguientes, estará preparado para tomar acción cuando lo necesite.

Le agradecemos por haber seleccionado *La Guía Completa sobre Techados, fachadas y acabados de exteriores*. Esperamos que sea una guía y referencia esencial para todos los trabajos de mejoramiento del exterior de su vivienda.

Exteriores vistosos

El exterior imponente de una vivienda resulta de la combinación de una bella fachada, un techado atractivo y un enmarcado que complemente el diseño final. La combinación de los materiales adecuados dará como resultado una presentación armoniosa que realzará la apariencia y valor de la vivienda, manteniéndola libre de goteras. La fachada "perfecta" genera la personalidad de la estructura. Por ejemplo, una fachada de ladrillo da la impresión de una construcción fuerte y robusta, mientras que un acabado de vinilo brinda una apariencia moderna.

El techado también determina el carácter de una vivienda. Acabados con teja de asfalto, por ejemplo, hace ver la casa imponente, mientras que un techo colorido de metal puede ser un aspecto decorativo importante.

Las hermosas fotos a continuación presentan una gran variedad de terminados de techos, fachadas, estilos y materiales. Con seguridad contribuirán a crear nuevas ideas y le ayudarán a tomar decisiones más prácticas cuando escoja el techado y fachada más apropiados.

El techado de teja de arcilla y pared de estuco se complementan a sí mismos en esta casa de estilo mediterráneo. Las líneas paralelas del techo compensan las superficies sólidas de las paredes.

Los techados de metal son de peso liviano y de larga duración, y son resistentes a las nevadas, granizo y vientos suaves. A pesar de los comentarios negativos que quizás haya escuchado, estos techos no atraen rayos o generan altas temperaturas en los áticos durante el verano.

Las fachadas y canales de colores
brillantes, combinados con marcos de ventanas blancos y un techado de asfalto gris claro brindan a esta vivienda una presencia alegre y atractiva. Siempre tenga en cuenta el tamaño y estilo de la estructura cuando escoja la combinación de colores para su próximo proyecto de renovación.

Un techado de vinilo que imita la madera ofrece las ventajas de la durabilidad de este material junto a una apariencia mejorada. Esta combinación se asimila a un acabado de cedro pero sin tener que llevar a cabo el mantenimiento requerido por la madera.

Unos pocos detalles en los elementos decorativos de la fachada son una forma de resaltar su vivienda en el vecindario. Acentúe las ventanas y chapados con canales decorativas, molduras sobre los marcos u otros detalles arquitectónicos. Todos estos terminados mejorarán la apariencia, textura y color de la fachada de la vivienda.

Las paredes de ladrillo construidas sin cemento adiciona la belleza de este material a su casa sin la necesidad de contratar un experto para su instalación. El sistema mostrado en esta foto utiliza el método de macho-hembra intercalado que se ajusta al exterior de las paredes sin utilizar tornillos.

Un toque decorativo utilizando piedra de laja, con la diversidad de colores, tonos y formas, puede resaltar la vivienda de las demás construcciones en serie comunes hoy día. Quizás usted puede ser el único en saber que no es el material real.

Una cubierta de concreto en el exterior de la vivienda quizás pueda parecer un elemento monótono, pero en realidad se armoniza a la perfección con las vigas expuestas, las ventanas grandes y el estilo abierto de esta construcción.

Las paredes de troncos de madera de esta cabaña adicionan un acabado rústico a las estructuras modernas. La madera puede conseguirse en casi cualquier depósito de materiales y es un buen elemento a utilizar cuando realice instalaciones por sí mismo.

Los techos con tejas de arcilla resistirán sin ningún problema los calurosos veranos o los fuertes vientos huracanados. La calidad comprobada y la atractiva apariencia de este material lo convierten en un elemento preferido en las viviendas construidas en el Sur del país y en los terrenos costeros.

Los productos de plástico, de fibra de madera y los derivados de caucho se combinan para crear techados que se asimilan a la madera de cedro (ver la sección de Recursos en la página 266). Fuera de ser considerados seguros para el medio ambiente en comparación con otros materiales de construcción, dan una apariencia admirable a edificaciones tanto rústicas como urbanas.

Un techado de teja de pizarra durará más de un siglo, pero es costoso, pesado y difícil de instalar por usted mismo. Sin embargo, podrá disfrutar de su apariencia sin los inconvenientes descritos si instala una imitación de pizarra en la vivienda. Las tejas de pizarra mostradas en la foto son fabricadas en molduras de polímeros con bordes y sombras profundas que imitan la pizarra natural (ver la sección de Recursos).

Chapar fachadas con material de aluminio ha sido una opción popular y de bajo costo por más de 50 años. El aluminio es disponible en una gran variedad de colores y texturas, y si tiene la habilidad necesaria para la instalación, puede hacerlo por sí mismo y ahorrar aún más dinero.

El techo cubierto con tejas de cerámica combinado con marcos obscuros y piedra fabricada, le dan a esta casa una sensación de permanencia y seguridad sin ignorar la bella vista trasera.

La próxima vez que reemplace la cubierta de la fachada de su vivienda, considere utilizar piedra sintética. De esta forma podrá evocar el encanto de las viejas construcciones rurales europeas usando un material mucho menos costoso que la piedra natural.

Existen muchas alternativas cuando se trata de escoger tablillas de cedro como opción para las fachadas. En esta foto el metal galvanizado toma la forma y textura de la madera. El metal es liviano, nunca tendrá que pintarlo, y puede instalarlo con herramientas comunes.

Los aleros y cornisas protegen el techo en ángulo de la lluvia traída por el viento y también de los animales. Proveen a su vez una importante forma de ventilación para el techo. Existen muchos tipos de chapados de vinilo y metal para las cornisas. Los chapados de madera a menudo son fabricados de madera común o laminada. Cualquier proyecto de este tipo a gran escala deberá incluir tratamientos para las cornisas y aleros. Vea las páginas 180 a 192 para mayor información sobre cornisas, aleros y los sistemas de ventilación.

La combinación de los ornamentos y detalles en los moldes, así como las texturas de las paredes en la fachada de esta espléndida muestra de arquitectura de estilo Victoriano Reina Ana, parece detenida en el tiempo. Aquí se muestra el apogeo de los detalles de los exteriores de la vivienda cubierta con chapado de tablillas de madera que contrasta con los marcos en diagonal utilizados en las ventanas y puntas del techo en ángulo y los demás adornos y detalles. En la actualidad todavía se puede observar este tipo de diseños y detalles a menor escala incorporados en la construcción de viviendas modernas. En el estilo clásico Reina Ana, el objetivo final era evitar superficies planas sobre las paredes, y este tipo de proyecto puede representar una obra maestra para quien lo intente realizar.

Los techados, los chapados de las paredes y las molduras son la capa exterior de un sistema integrado que protege la vivienda. No sólo funcionan en forma conjunta, pero deben combinarse en forma armoniosa, con estilo, color y manteniendo las proporciones necesarias. La parte exterior de esta vivienda es un buen ejemplo de un sistema bien ejecutado donde las características del techo, la fachada y los moldes representan una versión moderna y atractiva del estilo de una clásica casa de campo.

Planear un nuevo techado y fachada

Los acabados del techo, fachada y molduras del exterior de la casa crean una envoltura alrededor de la vivienda que la protege de la inclemencia del tiempo. Además de su función protectora, estos elementos deben combinarse armoniosamente para mejorar la apariencia final de la estructura. En cuanto al reemplazo del techado y la fachada, se consideran grandes inversiones, pero en términos generales son llevados a cabo sólo cada varias décadas. Por tal razón es recomendable planear estos proyectos en forma cuidadosa para tener en cuenta todos los aspectos necesarios antes de iniciar el trabajo.

El siguiente capítulo lo ayudará a iniciar la labor correctamente por medio de un proceso de evaluación de las necesidades y estableciendo el costo tanto del material como de las cantidades requeridas para el proyecto. Más adelante analizará en detalle la gran variedad de productos y opciones disponibles. Cada día salen al mercado más alternativas sobre las formas y estilos de techados y fachadas, y es posible que no esté al tanto de estos avances. Estos proyectos quizás requieran de algún tipo de trabajo en alturas elevadas, y aquí se tienen en cuenta una serie de consejos para su seguridad que incluyen la mejor forma de construir andamios, cómo preparar el sitio de trabajo para minimizar daños, manejar el material de desecho y cómo trabajar de manera eficiente.

En este capítulo:

- Evaluar las necesidades
- Escoger el techado y la fachada
- Estimar el material necesario
- Trabajar con seguridad
- Instalar andamios
- Andamios con gatos de elevación
- Instalar gatos para techo

Evaluar las necesidades

Existen muchas buenas razones para reemplazar un techado o una fachada. Puede ser debido a algún problema de goteras, la estructura es muy vieja o la apariencia está pasada de moda; las razones pueden cambiar a medida que estas partes de la vivienda envejecen. O quizás simplemente quiere reemplazar estos elementos para darle más vida a la casa.

Antes de entrar a fondo en el trabajo de reemplazo, debe asegurarse que el proyecto cumple con todas sus necesidades y objetivos. Si le gusta la apariencia y el estilo de las tejas pero ya se están envejeciendo, es sólo cuestión de reemplazarlas con una versión más nueva. Pero si está cansado de hacer mantenimiento en la fachada, quizás quiera instalar un producto atractivo pero que no requiera de constante atención.

También considere las necesidades futuras. Si ahora sólo está reemplazando la fachada pero debe reemplazar el techado en pocos años, planee la nueva fachada que se complementará con el techo venidero. Si está instalando un nuevo sistema de aleros y cornisas, es buen momento de instalar las canales que siempre ha necesitado. Casi siempre es mejor reemplazar todos los materiales a la vez en lugar de hacerlo poco a poco.

En algunos casos quizás no necesite reemplazar el techo o la fachada para lograr sus objetivos. Instalar canales o pintar los marcos y molduras con colores agradables puede mejorar la apariencia exterior. También cierto mantenimiento básico puede expandir la vida útil del techado y la fachada. Si descubre goteras en el techo, no asuma de inmediato que debe reemplazar toda la estructura. Algunas veces adicionar elementos contra la humedad o a prueba de agua es todo lo que necesita hacer.

Las páginas siguientes muestran problemas comunes al exterior de las viviendas. Si algunos de ellos describen su situación, haga la evaluación necesaria para determinar qué necesita hacer para arreglar el problema.

El techado y la fachada de la vivienda deben cubrir dos necesidades fundamentales: deben hacer lucir su casa atractiva y la deben proteger contra los elementos de la naturaleza.

Identificar los problemas del techado y fachada

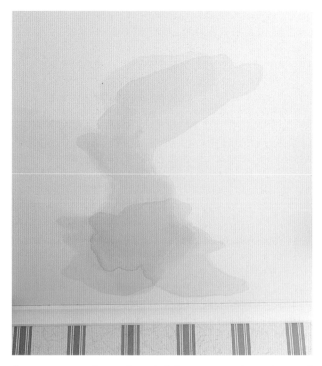

Aparecen manchas sobre el cielo raso causadas por lo general por goteras en los techos.

Cuando las cubiertas del techo (de diferentes clases) comienzan a doblarse o muestran señales de deterioro, deben ser reemplazadas.

Las láminas protectoras contra la humedad pueden ser averiadas por fuerzas externas como los vientos fuertes, el desgaste de pegamentos o tornillos sueltos. Estas láminas pueden ser reemplazadas o reparadas fácilmente sin tener que cambiar las tejas.

Las láminas protectoras deterioradas pueden causar goteras en los techos. Las piezas afectadas deben ser removidas y reemplazadas.

(continúa)

La pintura suelta o en mal estado puede rasparse y luego puede pintar la superficie de nuevo.

Los paneles averiados de la fachada pueden removerse y cambiarse sin tener que reemplazar la fachada por completo. Luego puede pintar los nuevos paneles para empatar el color.

Algunos paneles de fachada se brotan cuando son clavados incorrectamente, o los espacios entre los mismos son muy pequeños y no permiten la expansión. Estos paneles deben ser removidos y clavados, o cortados al tamaño adecuado e instalados de nuevo.

Los daños sobre superficies de metal son difíciles de reparar y cualquier remiendo a menudo resulta peor que el mismo daño. Si el daño es muy extenso, debe reemplazar los paneles.

Los daños causados por raíces y animales son los enemigos principales de los aleros. Los daños menores pueden repararse cambiando la pieza, pero los más grandes requerirán de un nuevo sistema.

Las facias podridas son fáciles de detectar en casas sin sistema de canales. Si la vivienda tiene canales, examine la parte trasera de las mismas, especialmente si nota que están colgando.

Las canales con goteras por lo general son causadas por huecos o uniones separadas. Los huecos pueden cubrirse con pegamento y las uniones pueden ser ensambladas de nuevo.

Las secciones de canales averiadas deben ser reparadas o reemplazadas. Si el daño es extenso, reemplace todo el sistema.

Escoger el techado y la fachada

Debido a las tantas opciones que existen, escoger el material para el techado o la fachada de la vivienda parece ser casi que una misión imposible. Tanto su mantenimiento, costo, fácil instalación, durabilidad como apariencia juegan un papel importante. Al final deberá tomar una decisión teniendo en cuenta los factores más importantes para usted. ¿Está dispuesto a pagar más dinero por tablillas de madera de cedro? o puede quedar satisfecho con un techado de asfalto menos costoso que imita la madera. ¿Está dispuesto a pintar la fachada de madera cada 7 a 10 años? o prefiere una pared exterior donde no tenga que hacer ningún mantenimiento.

Aún después de haber limitado su decisión hasta llegar al tipo de material a utilizar, necesitará escoger el estilo y color. Por ejemplo, el techado de asfalto se encuentra casi que en colores y estilos ilimitados, desde un rojo brillante hasta tonos verdes que vienen divididos en segmentos de tres piezas. Los colores de los paneles de vinilo de las fachadas cambian constantemente, y los estilos varían desde el "Dutch" con lengüetas, hasta el listón "doble" de 3", de tablillas, de cartón o madera.

Las características arquitectónicas de la vivienda junto con otros materiales ya instalados pueden ayudarlo a tomar una decisión. La combinación de estuco con tejas de arcilla son un complemento natural, así como la fachada de ladrillo con los techos de metal. La fachada con acabados de vinilo junto con un techado de asfalto es una combinación popular.

Debido a que la mayoría de los techados y las fachadas duran décadas, la decisión que tome será por largo tiempo. Dedique tiempo para analizar varios productos y compare sus ventajas y desventajas antes de tomar una decisión.

Costo: Para la mayoría de los usuarios, el costo de los materiales es uno de los factores más importantes al seleccionar techados y fachadas.

Los costos son tan variados como los productos mismos, y difieren dependiendo la región. Al hacer el análisis, considere todo lo que necesitará para terminar el proyecto, no sólo los costos de materiales para el techo y la fachada. En la mayoría de los casos necesitará comprar materiales para controlar la humedad, molduras y todos los accesorios para la instalación (tornillos, puntillas, etc.).

Dependiendo de las herramientas que ya posee, quizás deba comprar otras. Algunas instalaciones requieren de herramientas especiales que puede no tener. Si está instalando un tejado con tejas de arcilla, necesitará un disco de diamante para realizar cortes. En el caso de ladrillos o estuco, necesita herramientas de albañilería.

También debe considerar los costos de envío y correo que puedan influir en su proyecto. Averigüe sobre este tipo de cargos antes de decidir comprar algún producto.

La piedra de laja, las tejas de arcilla o los productos de cobre son por lo general los materiales más costosos para el techado, seguidos por el metal, las tablillas de madera de cedro, el asfalto orgánico, el asfalto de fibra de vidrio y por último las tejas de asfalto que vienen en rollos. En cuanto al material de las fachadas, el ladrillo y la piedra son los más costosos, seguidos por el estuco, la fibra de cemento, las tablillas de madera, los tablones o listones y vinilo (en ese orden).

Si está entusiasmado con la apariencia de un estilo en especial pero su presupuesto no le permite ese tipo de inversión, considere utilizar algún otro substituto menos costoso. Las características generales de muchos de los productos de primera calidad han sido duplicadas por otros materiales menos costosos. Algunos tejados de metal imitan los techos empizarrados, y otros de teja de asfalto se asemejan a la tablilla de madera de cedro más costosa. En cuanto al material para las fachadas, uno de los materiales menos costosos —el vinilo—, ahora se diseña para imitar la madera en muchos estilos, las tablillas y otros acabados más costosos. En otros casos, con sólo cambiar la calidad de la madera, le ahorrará mucho dinero. Por ejemplo, la fachada de una cabaña en madera de pino es mucho menos costosa que la construida con cedro.

Es importante comparar precios antes de comprar algo. Visite los depósitos de materiales y centros de distribución para encontrar las mejores ofertas.

Comparación de precios ›

	Techado	Fachada
Más costoso	Empizarrado	Ladrillo
	Arcilla	Piedra
	Cobre	Estuco
Menos costoso	Metal	Fibra de cemento
	Tablillas de cedro	Tablillas ásperas
	Asfalto	Tablillas suaves
	Rollo de asfalto	Madera en listón
		Vinilo

El costo es sólo un aspecto al escoger el techado y el material de la fachada. Tenga en cuenta los otros factores importantes para facilitar la instalación, garantizar la durabilidad, el mantenimiento, y por supuesto, la apariencia final.

El color y la textura deberán complementarse cuando escoja los materiales para el techado y la fachada. Esto no quiere decir que deben compaginarse exactamente, y en muchos casos las combinaciones más exitosas son las que ofrecen algún contraste. En esta foto, las tablillas de cedro natural fueron instaladas en las paredes y pintadas con sellador para madera de color neutral semi-transparente. Este tono se combina muy bien con el diseño arquitectónico del techado y los diferentes tonos de color café. Aún la adición del tercer elemento, el ladrillo natural en las escaleras y cimiento, es magnífico porque comparte los colores del techo y la fachada y su textura se asimila a la forma del techado de asfalto.

Consideraciones para el mantenimiento

Otro factor importante es determinar la cantidad de mantenimiento que cada producto requiere. Algunos materiales casi qué no necesitan cuidado en absoluto, pero otros demandan algún tipo de cuidado regular. Decida cuánto tiempo y esfuerzo está dispuesto a dedicar en el mantenimiento del techado y fachada, y compre los materiales que cumplen con ese criterio.

El mantenimiento tiende a ser más un elemento a considerar en la fachada que en el techado. En muchos casos la idea de tener que pintar el exterior de la vivienda cada 7 a 10 años mantiene alejados a los usuarios de materiales de madera. Otros ven la oportunidad de cambiar colores cada cierto tiempo. La cantidad de mantenimiento no siempre está reflejada en el costo ya que los productos en ambos extremos de la escala de precios —ladrillo en el lado costoso y el vinilo en el barato— necesitan poco o ningún mantenimiento.

Las pinturas del pasado tenían la reputación que se rajaban y desprendían, y necesitaban mantenimiento regular. En la actualidad los productos de estuco utilizan resina epóxica que elimina las rajaduras y quiebras. Si la capa final de estuco lleva el color deseado, no hay necesidad de pintarlo. Después de instalado, este material prácticamente no necesita mantenimiento. Las fachadas de ladrillo y piedra requieren de poco cuidado, pero las uniones de cemento necesitan mantenerse cuando se caen y deben ser reparadas con nuevo cemento. El terminado de vinilo tampoco requiere mantenimiento y es parte importante de su atractivo.

Los productos de madera para las fachadas necesitan la mayor atención. Es necesario aplicar una capa de sellador y pintura cada 7 a 10 años, y tal acción requiere de una larga preparación que involucra raspar la pintura vieja y lijar. Las fachadas de fibra de cemento también necesitan pintarse pero no tan a menudo. El tiempo promedio entre capas de pinturas es de 15 años.

En general el mantenimiento para los materiales de techados es mínimo. Casi siempre son debido a algún daño en los componentes como tejas de asfalto quebradas o la ruptura de alguna placa de protección contra la humedad. Los techados de metal, baldosa y tejas de arcilla quizás nunca necesiten de mantenimiento. Los techados construidos con tejas de asfalto sencillas, con tablillas de madera o listones se sueltan periódicamente y en ese caso sólo necesitan clavarse de nuevo. Los rollos de tejas de asfalto pueden rajarse y crear huecos, y pueden ser reparados con pegantes especiales para techos o parches.

Todos los productos para el techado y las fachadas pueden beneficiarse de algún tipo de limpieza esporádica. Esto ayuda a mantener el exterior de la vivienda con la mejor apariencia posible, así como a identificar posibles problemas.

La fachada de vinilo y el techado de asfalto requieren muy poco mantenimiento. Estos materiales pueden ser usados en cualquier tipo de vivienda, incluyendo ésta de estilo Victoriano.

Mantenimiento de fachadas ▸

Material (Fachada)	Cantidad de Mantenimiento	Tipo de Mantenimiento
Vinilo	Poco	Limpieza ocasional
Ladrillo	Poco	Reparar uniones
Piedra	Poco	Reparar uniones
Estuco	Poco	Reparar rajaduras
Fibra de cemento	Mediano	Pintura
Tablillas ásperas	Mediano	Pintura / sellador
Tablillas suaves	Mediano	Pintura / sellador
Madera en listón	Alto	Pintura

▍Durabilidad

Considere la durabilidad total de los productos que piensa instalar en la vivienda. Algunos materiales son extremadamente durables y son garantizados por lo menos 50 años o más, mientras que otros necesitan reemplazarse en tiempos más cortos como 12 años.

La longevidad de algunos productos está determinada por la localización geográfica donde son instalados. La sal que contiene el aire en las áreas costeras es altamente perjudicial para la madera de las fachadas, y en lugares con vientos fuertes los techados son más propensos a desprenderse. La forma como cuide el exterior de la casa también determinará su duración. Si pinta la fachada con regularidad, repara los daños del techado tan pronto los descubre, y sigue las instrucciones del fabricante, los materiales sin duda durarán más tiempo.

Techado: La laja, el concreto y la arcilla son los productos más durables para techados. Son más pesados que otros materiales y por lo general tienen garantía de por vida. Se estima que algunos techos de laja o arcilla han durado cientos de años. Los techos de metal, a pesar de su peso liviano, tienen una admirable larga vida. Las garantías varían según el fabricante, pero 50 años se ha convertido en un tiempo estándar.

Debido a que las tablillas de madera se ofrecen en diferentes graduaciones, su durabilidad también varía. Las de mayor calidad ofrecen garantía de 50 años, mientras las de menor calidad duran alrededor de 30 años. La vida de las tejas de asfalto también varía ampliamente. Deben durar un mínimo de 20 años, y las de textura más gruesa con diferentes formas arquitectónicas pueden durar hasta 50 años. Los rollos de tejas de asfalto tienen la menor durabilidad y duran entre 6 y 12 años.

Fachadas: El ladrillo es por lo general considerado el producto más durable y puede tener una garantía de más de 100 años. El estuco y la piedra son notorios por su durabilidad y presentan garantías hasta de 50 años. Las garantías normales para materiales de fibra de cemento también son de 50 años.

Aún cuando la durabilidad de la madera para las fachadas varía según la calidad, las condiciones del clima y la cantidad de mantenimiento a que es expuesta, puede esperar que dure por lo menos 20 años. Algunos acabados pueden durar más de 50 años. El vinilo por su parte está disponible en varios calibres, desde 0.035" hasta 0.055", siendo el más grueso el más durable y con garantía de por vida. Los vinilos de menor calibre por lo general ofrecen una garantía entre 30 y 50 años.

Los techados de asfalto y las fachadas terminadas con vinilo son una combinación popular debido a su bajo costo y a la durabilidad. Ambos productos duran entre 20 y 50 años.

El ladrillo es el producto de fachada más durable y puede durar más de 100 años con poco mantenimiento.

Techado de asfalto de tres lengüetas

Este tipo de techado es una combinación de asfalto y fibra de vidrio, o capas de fieltro cubiertas con gránulos minerales. Por una gran variedad de razones, importantes razones este material de techado ha sido el más usado en los Estados Unidos por más de un siglo. Su peso es relativamente liviano (de 2 a 3 libras por pulgada^2) comparado con la teja de pizarra, la teja de arcilla o de cemento. Cualquier techo diseñado para soportar tejas de asfalto (con una inclinación de 4" por cada 12" de longitud del techo, o más) y correctamente construido, puede sostener este material sin ningún refuerzo extra.

Las tejas de asfalto de tres lengüetas tienen un precio razonable y pueden durar entre 8 y 30 años dependiendo de la calidad del material. La instalación o reparación no es difícil y es el preferido entre los usuarios ya sean principiantes o profesionales. Este factor también mantiene los costos bajos.

Después de su instalación, los techados de buena calidad casi que no requieren de mantenimiento y tienen una buena resistencia contra el fuego y el viento. Están disponibles en una gran variedad de colores que se mezclan perfectamente con las fachadas y moldes. Si vive en un área húmeda o en una zona costera, puede conseguir este tipo de techado impregnado con agentes contra algas para prevenir manchas indeseadas.

El techado de asfalto de tres lengüetas es el más popular en el mercado. No es costoso, es de peso liviano, y está disponible en una gran variedad de colores y estilos. También son fáciles de instalar.

Tipos de techados de asfalto ▸

3 lengüetas

Techados arquitectónicos

25 años de garantía

Línea sombreada del techado

4 lengüetas

Los techados de asfalto están clasificados según su durabilidad, siendo los más comunes los de 20, 25 y 40 años de garantía (algunas marcas afirman tener 50 años de garantía). Desde el punto de vista funcional, las clasificaciones deben ser usadas sólo con propósitos de comparación. El promedio de vida de este material en los Estados Unidos es entre 8 y 10 años.

El término "techado de lengüetas múltiples" se refiere a cualquier techado de asfalto construido con cortes estampados para imitar la apariencia de techados de pizarra o madera. Los cortes son hechos e instalados en tiras de 3 pies de largo y de igual espesor para que puedan exponerse sobre el techo. La parte siempre presente en el término es "tres lengüetas", pero también hay estilos de 2 ó 4 lengüetas. Por lo general los cortes están espaciados en forma equidistante sobre las tiras para dar un acabado y apariencia simétrica sobre el techo. Sin embargo algunos fabricantes ofrecen estilos con esquinas de diferentes formas o espaciados asimétricamente y cortadas a diferentes distancias para crear una apariencia única.

Techados de asfalto laminado

Este tipo de techado ha aumentado en popularidad en las viviendas nuevas o cuando hay que hacer reemplazos en los techos. También es conocido como techado de asfalto "dimensional", "arquitectónico" o "multi-espesor".

En esencia, el material del techado de asfalto laminado tiene la misma composición que el techado de lengüetas múltiples —una combinación de asfalto, base de fieltro o fibra de vidrio, y capas de gránulos minerales—. Sin embargo la diferencia principal es que en lugar de una sola capa de techado, hay dos capas pegadas y unidas para crear una apariencia tridimensional. La capa superior tiene tamaños diferentes de muescas que se intercalan en forma desigual sobre la capa inferior que no tiene muescas. El efecto final de esta composición ayuda a imitar la inconsistencia natural de los techados de madera con tablillas de cedro o pizarra.

La instalación de los techados laminados siguen los mismos pasos que la de tres lengüetas. El diseño aleatorio puede reducir el desperdicio ya que es más flexible con los patrones creados por el diseño uniforme del de tres lengüetas. Aquellas secciones que interrumpían la consistencia de las tres lengüetas, ahora pueden ser usadas en la instalación con los techados laminados.

La adición de una capa lo hace más pesado que el material estándar de tres lengüetas, pero el peso no es un problema crítico. Cualquier techo construido con las especificaciones correctas puede absorber el peso de este material sin ningún problema o refuerzo necesario. El techado laminado también es más grueso y puede sostener fuertes vientos. Como es de esperarse, es más costoso que el material de tres lengüetas. Su espesor lo hace más durable y los fabricantes pueden ofrecer garantías mayores (en promedio de 30 a 50 años). Esto los puede convertir en una mejor inversión que el material estándar durante la vida útil del techo.

El techado de asfalto arquitectónico (también llamado "laminado" o "dimensional") es instalado en forma similar al material de tres lengüetas, pero ofrece una apariencia más sofisticada y una visión más profunda. También posee garantías mayores comparadas con las ofrecidas al material estándar de tres lengüetas.

Techados de asfalto en rollo

En el caso de techos con poco declive, o en situaciones donde el presupuesto limitado es más importante que la apariencia, este tipo de material puede ser la solución. Los techados de asfalto en rollo pueden ser una buena opción si necesita cubrir un techo por un período extenso, pero más adelante debe planear la instalación del techado final.

El asfalto en rollo (granulado) es una tira continua de techado sin las muescas de las muescas creadas por los cortes de lengüetas. Es instalado en capas intercaladas al igual como el techado de asfalto, pero la cantidad expuesta de una capa a la otra es mayor que las tejas sencillas. Dependiendo del producto, los rollos pueden estar cubiertos por completo con gránulos para ser instalados para suministrar una sola capa de protección, o sólo la mitad de la lámina queda cubierta con la capa granular. La otra mitad sin la capa (llamada 'el borde del rollo') y la mitad del techado de asfalto por encima son cubiertas con cemento para techado para mejorar el sellado final. El traslapado más ancho creado por el borde del rollo crea un efecto de doble cubrimiento (los techos con doble cubrimiento están pasando de moda rápidamente).

Los rollos de asfalto para cubrimiento sencillo pueden tener un borde donde se aplica cemento, pero es apenas de unas pocas pulgadas de ancho. Ambos estilos (cubrimiento doble o sencillo) son asegurados con puntillas para techo clavadas alrededor de los bordes y son diseñados para ser instalados directamente por los usuarios.

Si son instalados correctamente, los techados de asfalto en rollo son de mejor protección contra las goteras que los techados convencionales, pero generalmente no duran tanto como las tejas individuales. Debido a que no se utilizan tantas puntillas en su instalación, los hace más propensos a desprenderse durante los vientos fuertes y no responden con la misma efectividad a la contracción y expansión causada por los cambios de temperaturas. Por último, no suministra la agradable apariencia de las tejas sencillas.

El asfalto en rollo es en esencia un rollo de papel para construcción con una superficie granular. El rollo de cubrimiento sencillo es típicamente instalado dejando un área de unas 6" para agregar el pegamento. La membrana fría autoadhesiva puede instalarse en todo el techo o en ciertas áreas con techados de asfalto sencillos para prevenir la acumulación de agua congelada.

El asfalto en rollo es uno de los materiales de cubrimiento para el techo menos costoso, y cuando se pega por completo, es una de las pocas opciones disponibles para cubrir techos con poco declive (entre 2" de inclinación en 12" de distancia y 4" en 12"). No puede ser usado en techos completamente nivelados. El asfalto en rollo es de uso común en los techos de porches de entradas, cobertizos y en garajes o cocheras.

Caucho para techado EPDM

Los techados de membrana de caucho, también conocidos como techos de 'monomero diene polietileno etileno' (EPDM) se instalan en pliegos grandes utilizando un pegamento especial, y sin utilizar puntillas. A menudo los techos de este tipo se pegan por completo a la superficie de cemento del techo, y la ausencia de puntillas lo hacen más favorable en situaciones donde existe poco declive o hay posibilidades de goteras. Quizás desea instalar este tipo de techo simplemente porque no tiene uniones y es fácil de hacerlo. Sólo se requiere un pegamento sobre el perímetro si está instalando las tiras en forma mecánica.

La membrana se consigue en rollos de 10 ó 20 pies de ancho para ayudar a reducir el número de uniones. En los últimos años este material se ha convertido en uno de los preferidos por los consumidores y está disponible en depósitos de materiales para construcción y otros distribuidores especializados. Su precio es comparable con los techados de asfalto de buena calidad, pero su color negro no tiene muchos seguidores y es el techo más caliente durante los días calurosos del verano.

Hace unos años los techos de membrana de caucho se usaban casi que exclusivamente en proyectos comerciales, pero las versiones de su fácil instalación los han vuelto recientemente más populares. Son una excelente opción en techos planos o con poco declive.

Techados de pizarra

Este tipo de techados ha sido utilizado por siglos y es una de las opciones más atractivas y de las mejores protecciones contra el clima que puede instalar en el techo de la vivienda. Es prensado y cortado en piezas individuales e instalado con puntillas. La variedad natural de colores, formas y bordes le dan una apariencia única que es prácticamente inigualable por otros productos sintéticos.

A pesar de su atractivo y larga durabilidad —más de 100 años en muchos casos—, hay varios factores importantes que lo convierten en un producto no recomendado para la vivienda. Para empezar, las pizarras son pesadas (pueden pesar casi el doble del techado de asfalto por pie²). Su costo es casi tres veces más que el techado de asfalto más fino. Los techos acodados o enmarcados convencionales pueden requerir de un ensamblado adicional antes de estar listos para instalar este material. Consulte un especialista para comprobar si el techo de su vivienda puede soportar este peso.

Por lo general, la instalación exige de herramientas especializadas y una gran habilidad, lo que hace el proceso difícil de llevar a cabo por principiantes y aún por expertos. Una vez instalado, su durabilidad no se extiende a caminar sobre el techo. Las pizarras son quebradizas y pueden romperse si se camina sobre ellas. El procedimiento de reemplazo requiere de la instalación de soportes y escaleras para prevenir más daños, y remover piezas individuales es una tarea complicada.

Los techados de pizarra son costosos y difíciles de instalar, pero su atractivo y durabilidad es casi que inigualable.

Tejas de arcilla

Los techados de arcilla son comunes en la parte sur y costera de los Estados Unidos donde los vientos fuertes y el intenso calor predominan. Al ser un producto manufacturado, puede encontrarse en diversidad de formas, tamaños y colores. Son de excelente durabilidad y resistentes al fuego, pero es un poco más pesado que la pizarra y quizás un techo normal deba necesitar refuerzo estructural antes de instalar este tipo de teja. Esto adiciona costos al proyecto final.

Dependiendo de la región donde habite, puede contratar expertos para la instalación del techado. La aplicación de este material requiere de sierras con discos de diamante y pueden presentar un problema en diseños complejos. Su composición es algo frágil y no se recomienda caminar sobre su superficie lo cual dificulta hacer reparaciones. El costo de instalación es similar al de la pizarra. Aún en los diseños más básicos, no es fácil trabajar con este material.

El techado de teja de arcilla da una apariencia distintiva a ciertas regiones, pero puede ser instalado en casi que cualquier clima. Es un material pesado y algo costoso. La mayoría tiene la forma de tubos cortados por la mitad y el color característico es el terracota, pero es posible encontrar variedad de colores y estilos en el mercado.

Tejas de concreto

En las últimas décadas este tipo de material ha ganado una gran importancia en la construcción de techados. Se acopla bien a los diferentes climas, es resistente contra el viento y el fuego, y se instala en forma similar a las tejas de arcilla y pizarra. Por lo general es fabricado en piezas planas en lugar de tejas curvas como las de arcilla, pero es posible ordenar tejas en curva hechas de concreto. Algunos fabricantes ofrecen este material con textura y color similar a la madera.

Como es de esperarse, es un material pesado (un poco más que la pizarra y casi que igual a la teja de arcilla). También existen tejas de concreto fortificadas con fibras de madera y polímeros que las hace más livianas sin afectar su durabilidad. Al compararse con la arcilla o la pizarra, las tejas de concreto ofrecen una funcionalidad similar pero a costo inferior en su instalación: casi que la mitad de la arcilla o pizarra.

La fibra de cemento está creciendo en popularidad como un material de concreto para construir tanto techados como fachadas. Ofrece una garantía similar de durabilidad, poco mantenimiento, belleza y costo razonable. Las tejas de fibra de cemento (y sólo cemento) por lo general tienen la apariencia de la fibra de madera para imitar ese tipo de tejas, pero pueden conseguirse en muchas otras configuraciones menos conocidas.

Tejados de metal

Los techados de metal han sido reconocidos por su durabilidad en residencias a lo largo de Europa durante siglos, pero en los Estados Unidos hasta hace poco sólo eran considerados para uso en edificaciones comerciales y en agricultura. Esta tendencia está cambiando con rapidez. El avance tecnológico en el tratamiento del metal, así como en la mezcla de colores, ha creado una gran variedad de estilos permitiendo que este material sea más accesible para el consumidor en general. Por varias razones, este tipo de techado es el que más ha crecido en comparación con otros productos similares para uso residencial. Primero que todo, es el material para techado más liviano que existe (alrededor de 1 a 2 libras por pie^2). Casi que cualquier estructura de un techo estándar puede sostener este peso. Considerando que el techado de asfalto está en buenas condiciones, y si los códigos locales lo permiten, los techados de metal pueden ser instalados sobre una o dos capas de este tipo de techado. Esto puede ahorrar tiempo y dinero en el desensamble del techo original.

El metal ofrece una excelente resistencia contra el viento y el fuego, y los recientes avances en aditivos antioxidantes lo hacen un material favorable para todo tipo de clima y con gran durabilidad. También es resistente a las peladuras, marcas y descolorido debido a los rayos ultra violeta (UV). Son comunes en terrenos costeros y en áreas propensas a tormentas tropicales y vientos fuertes, y son resistentes al peso de la nieve y a las acumulaciones de hielo.

Los paneles prefabricados hechos de metal, fibra de vidrio o policarbonato transparente vienen en tamaños estándar y por lo general son instalados sobre un sistema de entramado. Han sido usados por lo general para construir techos en edificaciones anexas o auxiliares, pero las versiones de metal se han popularizado a lo largo de toda la vivienda y en expansiones.

Los techos de metal con uniones son de peso liviano, muy durables y de costo moderado. Por lo general son fabricados por expertos en el lugar de instalación, pero hay versiones de paneles prefabricados fáciles de instalar.

Un techo de cobre tiene todas las ventajas de un techado de acero pero con la diferencia que no se oxida. El cobre se oxida con el tiempo y puede corroerse, pero es por lo general un metal de superior calidad para uso exterior.

A diferencia del techado de asfalto o madera, el metal no se pudre, quiebra o permite el crecimiento de algas, y es en gran parte libre de mantenimiento. Los techados de colores claros que reflejan la luz solar en lugar de absorberla tienen ventajas de ahorro de energía. Los áticos permanecen fríos durante los meses de verano reduciendo costos. Las garantías de techos instalados profesionalmente fluctúan entre 30 y 50 años debido a su durabilidad. Su costo es superior comparado con el asfalto de alta calidad, pero menor que la pizarra o la arcilla.

El metal de techado para las residencias está disponible en acero, aluminio o cobre. Viene en variedad de texturas que imitan las tejas de arcilla, tablillas de madera o techados de asfalto. Algunos productos están cubiertos con capas granuladas para resaltar su textura. El tejado de metal en relieve viene en paneles horizontales con varias tejas que conforman la lámina, o en tejas individuales de diferentes formas. Cada pieza trae pestañas que se ajustan a la parte superior o inferior de las piezas adyacentes, o puntillas que se clavan a lo largo de los bordes. Los paneles con uniones sobresalientes, o que se unen a lo largo de ambos bordes,

son los más comunes en este tipo de material. Los paneles pueden ser acondicionados en el lugar de construcción utilizando herramientas comunes para trabajar el metal. También están disponibles en paneles prefabricados. El cobre es el techo en panel más comúnmente instalado y se deja sin terminar para que tome un color verdoso. Esta es la opción más costosa. El techado de aluminio o acero viene en una gran variedad de colores para acomodarse a cualquier diseño de la fachada.

Existen pocas desventajas del techado de metal que valen la pena mencionar. Es muy resbaloso cuando se humedece y puede ser abollado o raspado. Puede ser difícil de adaptarlo a diseños de techos complejos, y eventualmente tendrá que ser pintado para prevenir la corrosión.

Aún cuando no será difícil encontrar expertos para llevar a cabo la instalación en muchas regiones, necesitará habilidades especiales para maniobrar la mayoría de estos productos si piensa hacer la instalación usted mismo. Esto también puede cancelar las garantías de los fabricantes, así que es mejor dejar este tipo de proyectos a los profesionales.

Techados beneficiosos para el medio ambiente

Existe nueva serie de productos para techados poco conocidos y beneficiosos para el medio ambiente disponible para el consumo residencial. Si le agrada la apariencia de la pizarra, la teja de arcilla o las tablillas de madera, ahora puede conseguirlas fabricadas de combinaciones de polímeros, aserrín, caucho, vinilo y fibra de vidrio. Estos materiales compuestos son flexibles y pueden soportar vientos fuertes, granizo, o uso excesivo sin rajarse, podrirse o romperse. Además, se agregan agentes que retardan los efectos del fuego y la luz ultravioleta para convertirlos en materiales confiables como los convencionales. En los techados con base de polímero, el color es mezclado con el material. Esto evita que aparezcan rajaduras y peladuras. Algunos de estos productos alternativos son fabricados de materiales reciclados como los neumáticos usados de los automóviles o material de desperdicio industrial. El techado a su vez puede ser reciclado en su totalidad cuando ha envejecido.

Los materiales para techados compuestos de polímeros o caucho son más pesados que el metal pero tienen casi que el mismo peso que el techado de asfalto laminado. Son ofrecidos en su mayoría con garantías de 50 años que se transfiere de un dueño de casa a otro. Al igual que el asfalto, se instalan con puntillas sobre una base de fieltro. Dependiendo del producto, es posible instalar este tipo de techado por usted mismo.

Los productos beneficiosos para el medio ambiente, en cualquier parte de la casa, están apareciendo en el mercado. Esta favorable tendencia ha creado una nueva categoría de opciones para el usuario con esta mentalidad. La mayoría de estos productos, como los vistos arriba, son fabricados con material reciclado usando tecnología de componentes. Algunos ofrecen otra tecnología similar (ver Techos vivientes en la siguiente página). Las tejas de arcilla hechas localmente (500 millas alrededor del sitio del proyecto), fabricadas con productos locales y con contenido de reciclaje industrial, incluyendo cenizas y deshechos, son mostradas aquí. Este criterio contribuye a la certificación y reconocimiento de terceros, así como el posible liderazgo en el diseño de energía ambiental (LEED).

Techados vivientes ▸

Los techos vivientes cubiertos con plantas (también llamados techos ambientales) es una tecnología que está avanzando rápidamente y con buena aceptación en los medios arquitectónicos comerciales, pero todavía no ha encontrado su lugar en Norte América. Recientemente algunos visionarios en negocios han logrado adaptar esta tecnología en los hogares, incluyendo el techo más plano de la residencia; el garaje.

Son muchos los beneficios de este tipo de techados:

- Pueden durar hasta 50 años si son bien mantenidos.
- Reducen la cantidad de agua de lluvia que corre sobre el techo disminuyendo la presión sobre las plantas de purificación y tratamiento del agua.
- Si el techo cubre un área cálida o fría, contribuye como aislante durante los inviernos y reduce los costos de enfriamiento hasta un 25%.
- Los techados vivientes mejoran la calidad del aire. Un garaje para dos vehículos cubierto con este tipo de techo crea suficiente oxígeno anualmente para el consumo de 25 personas por año.
- Adicionan belleza natural a toda la vivienda y pueden aún sostener el crecimiento de ciertas plantas comestibles.
- Puede servir como hábitat para ciertos tipos de vida salvaje en zonas urbanas.

Existen tres métodos principales en la elaboración de un techado viviente. Primero, puede contratar los servicios de profesionales especializados. Segundo, puede construirlo por sí mismo usando sistemas prefabricados. Por último, puede construirlo casi que por completo con materiales comprados en depósitos de construcción.

Los siguientes consejos pueden tenerse en cuenta si está pensando en instalar un techado con estas características en su propiedad:

- Evite declives mayores de 2" por cada 12" de longitud del techo. No es imposible construir este techo en declives mayores, pero es mucho más complicado.
- Consulte con su departamento de construcción y con ingenieros de estructuras para comprobar que la vivienda es adecuada para sostener el peso. Este tipo de techado agrega entre 10 a 100 libras de peso por pie^2, dependiendo cómo sea construido y utilizado.
- A menos que el techo ya esté cubierto con un tipo de membrana a prueba de agua como caucho EPDM láminas de PVC, necesitará instalar alguno de estos materiales (el caucho es el preferido).
- Dependiendo de las plantas que escoja, deberá hacer mantenimiento ocasional como podar la maleza y rociar. Si no se siente a gusto trabajando en alturas, quizás este tipo de techo no es para usted.

Las casas con techos vivientes son más comunes en Europa que en Norte América, pero la gran cantidad de beneficios que ofrece se está esparciendo por el mundo. El número de casas de este tipo está creciendo en los Estados Unidos y en Canadá.

Fachadas de vinilo y metal

Las fachadas de vinilo, aluminio y acero fueron desarrolladas a partir de los años 50 y 60, y se han fabricado a gran escala para uso residencial desde entonces. Es muy posible que la mayoría de las casas en su vecindario estén cubiertas con alguno de estos materiales. Es recomendable considerar las características de cada material cuando escoja la fachada de su vivienda.

Debido a la alta competencia en el mercado, los precios de las fachadas de vinilo o metal son casi que iguales. Los tres materiales son clavados con puntillas a lo largo del borde superior, intercalando secciones de una fila a la siguiente. Pueden ser instalados por usted mismo, pero el aluminio y acero requieren del uso de herramientas y accesorios para cortar y moldear el metal a la forma correcta. Muchos usuarios opinan que es difícil de instalar estos materiales con resultados satisfactorios. Instalar el vinilo es mucho más simple. Puede ser cortado fácilmente con tijeras comunes, sierras circulares o navajas normales. Existe una gran variedad de componentes para cubrir ventanas, puertas o salidas de agua en centros de venta de materiales para construcción.

De los tres materiales nombrados, el vinilo domina el mercado de materiales utilizados para la construcción de fachadas por varias razones. Es fabricado en cientos de colores por lo que facilita encontrar el color "perfecto" que desea. El color es mezclado con el plástico, y en el caso de raspaduras o daños menores no dejarán marcas notorias. La superficie es moldeada en muchas texturas y estilos, incluyendo el tradicional "Dutch" con lengüetas, tipo ostión, de paneles, de escamas de pescado, y otra gran variedad de estilos. Esta variedad permite que se complemente con viviendas antiguas, y crea opciones para construcciones tradicionales o eclécticas. El vinilo es resistente a los insectos, podredumbre, hongos o algas, y contra golpes moderados. No requiere de mantenimiento rutinario o pintura, y reemplazar secciones averiadas es relativamente fácil.

La fachada de vinilo es muy popular debido a su bajo costo, poco mantenimiento, fácil instalación, y la disponibilidad de una gran gama de estilos y colores (por lo general colores claros).

En la actualidad, las fachadas de metal son hechas por lo general de acero, pero en el pasado era común fabricarlas de aluminio y latón. Casi siempre vienen con un acabado de esmaltado cocido.

La mayor desventaja del vinilo es que se expande y contrae con los cambios climatológicos más que otro material. Si no se clava correctamente, o se dejan los espacios necesarios para su expansión, puede brotarse y desprenderse. El vinilo también crea uniones visibles entre cada pieza instalada, y esto puede hacer lucir la casa un poco diferente. Pero la durabilidad y apariencia final es difícil de superar. La mayoría de los vinilos de alta calidad vienen con garantías de por vida y también son transferibles de un dueño de casa al siguiente.

Las fachadas de aluminio y acero son fabricadas en tiras y variedad de superficies con diferentes relieves. Las fachadas de metal vienen pintadas en una gran gama de colores de alta calidad. Las de acero son galvanizadas para crear una mayor protección contra la corrosión. La rigidez del acero y el aluminio garantizan la fortaleza que el vinilo no puede proveer. Estos dos metales no se brotan, desprenden o distorsionan. Algunos fabricantes ahora ofrecen fachadas de aluminio y acero sin uniones visibles que se instalan con máquinas especiales en los lugares de construcción, y los paneles pueden adaptarse al tamaño de la pared para evitar uniones notorias características en las fachadas de vinilo.

Hay unas pocas inconveniencias en las fachadas de metal. A diferencia del vinilo, el cual es un poco más flexible y resistente a los golpes, tanto el aluminio como el acero pueden ser averiados por impactos de bolas de béisbol, rocas o ramas de árboles. Debido a que el color es superficial y no penetra el metal, no es resistente a raspaduras. Los bordes cortados también se oxidan si son expuestos a la humedad. Con el tiempo la luz del sol puede degradar el color del aluminio dejando un residuo arenoso que ocasionalmente debe lavarse. Tanto el aluminio como el acero pueden ser pintados, y se puede aplicar capas de pintura cuando lo necesite sin ninguna preparación especial.

En cuanto a las fachadas, el metal es relativamente una buena opción segura para la conservación del medio ambiente. Un porcentaje de la materia prima del aluminio y acero proviene de material reciclado, y dependiendo del color final, la fachada puede ser a su vez reciclada cuando llegue el,momento de reemplazarla. Los centros de distribución de materiales pueden informarle más en detalle al respecto antes de comprar.

Fachadas de madera

La fachada de madera es otra opción ideal para la vivienda. Los paneles o listones por lo general son fabricados de cedro, ciprés, o pino sureño presurizado. Todos ofrecen muy buena protección contra los insectos y la podredumbre. Las piezas son manufacturadas con uno de los bordes más angosto para crear el ensamble necesario y se instalan en forma horizontal. La fachada con madera vertical puede hacerse con material ordinario. Es colocado verticalmente con el lado de la madera más angosto cubriendo las uniones entre los paneles. La fachada de madera es más costosa que la de vinilo o metal y tiene las mismas limitaciones y problemas que los techados de tablillas de madera. La humedad prolongada la deteriora y el color se torna gris si no la cubre con sellador y pintura cada ciertos años.

Las fachadas hechas con paneles de madera son una opción popular para las casas, aún cuando se ha incrementado el uso del vinilo, el aluminio, la fibra de cemento o imitaciones de madera.

Fachadas de tablillas de maderas

El material de este tipo instalado en el techo o en las fachadas da un acabado natural y atractivo a la vivienda. La madera ha sido usada con excelentes resultados a través de los siglos. En la actualidad las tablillas son fabricadas de varias especies de ciprés y cedro, roble blanco y pino sureño amarillo presurizado. La madera es catalogada en diferentes grados (# 1 y calidades superiores) según la claridad y el corte. Las de grados superiores son un poco más costosas que las tablillas de asfalto laminadas de superior calidad.

Las tablillas se diferencian unas de otras dependiendo la forma de corte y procesamiento. Las tablillas "shakes" son más rústicas que las "shingles", y son cortadas con serrucho o a mano en diferentes espesores y longitudes. Estas irregularidades crean una apariencia natural pero a su vez incrementan la posibilidad de infiltración del agua si la base de la pared o techo no está correctamente protegida y cubierta con la base indicada.

Las tablillas "shingles" son fabricadas según tamaños y espesores específicos y tienen bordes más delgados. Nunca son cortadas a mano y pueden conseguirse con superficies suaves y lijadas o con la textura natural.

Alguien con buenas habilidades manuales puede instalar este tipo de tablillas sin experiencia previa, y el material puede cortarse e instalarse con herramientas normales de carpintería. Es posible caminar sobre esta madera, es resistente a las raspaduras y fácil de reparar. Sin embargo, el color natural se tornará gris con el pasar del tiempo si no es pintada. Estos materiales deben mantenerse limpios y secos para evitar que crezcan hongos o atraiga insectos. Algunas especies de pájaros o ardillas pueden averiar la madera cuando están buscando comida o algún lugar cálido para pasar el invierno. Por tales razones tendrá que llevar a cabo más mantenimiento en estos materiales comparado con el vinilo o metal u otras opciones sintéticas.

Las tablillas de madera pueden ser usadas en techados o paredes de la vivienda. Unas tienen una apariencia más rústica que otras porque vienen en anchos diferentes.

Fachadas de madera en forma vertical

La apariencia natural de una fachada en forma vertical puede ser recreada con paneles fabricados con madera laminada de 4 × 8 para uso exterior, y con una textura, superficie y surcos que se asemejan a los listones de madera (llamados paneles T1-11). Los surcos son separados 4 u 8". Los bordes de las láminas tienen lengüetas que cubren las uniones y ayudan a repeler el agua. La instalación es fácil si se tienen las herramientas y habilidades básicas para trabajar con madera, y su costo es similar al material de vinilo.

La instalación vertical debe ser llevada a cabo en forma cuidadosa y la superficie de base estar correctamente protegida contra la humedad para mantener los bordes secos. También necesita una capa de pintura o sellador para prevenir el deterioro debido a los rayos solares o la humedad. A medida que los paneles se envejecen, es común que se desprendan, pero cuando esto sucede, las láminas son fáciles de reemplazar.

También puede lograr la apariencia vertical instalando tiras delgadas de madera (como de 1 × 2) en forma vertical sobre las uniones de los paneles, o en intervalos constantes sobre la superficie de los mismos.

Las fachadas verticales eran hechas tradicionalmente con láminas de madera sólida instaladas en dicha configuración, y con paneles largos y angostos que se instalaban para cubrir los surcos dejados por las uniones. Hoy en día este mismo efecto es a menudo recreado con paneles de madera presurizada.

Los paneles de tipo T1-11 se asemejan al diseño tradicional de fachadas verticales, y son de bajo costo y fáciles de instalar. Estos paneles todavía se usan en fachadas de viviendas, pero ahora es más común en edificaciones separadas.

Fachadas de troncos para cabañas

Este tipo de fachada es otra alternativa. En términos generales, los troncos de árboles de pino blanco o cedro son preparados y cortados a tiras delgadas sin afectar la curvatura de la madera. La curvatura puede ser creada en los aserraderos por medio de maquinaria especial. Luego las tiras son instaladas sobre la superficie de las viviendas cubiertas con rollos de fieltro, u otro material de base, como cualquier otra edificación. Los resultados son agradablemente sorprendentes. Se requiere de una inspección detallada para comprobar que las paredes no están cubiertas por un tronco completo de madera. Sólo son necesarias ciertas habilidades y herramientas básicas para llevar a cabo este tipo de trabajo. Las reparaciones también son sencillas de lograr. Las cabañas con este material necesitan cubrirse con las pinturas apropiadas para extender su longevidad. También son propensas a ser afectadas por insectos y otros animales, así como a la podredumbre. Su costo es comparable al de la madera en tablillas.

No es necesario ser un leñador para vivir en una casa con estilo de cabaña. La apariencia rústica de estos maderos con las esquinas intercaladas oculta su diseño verdadero, y que ha sido construida con tiras de troncos clavadas sobre la superficie con puntillas y martillo. Es una perfecta invitación a hacerlo por sí mismo.

Albañilería, piedras y estuco

Varios productos elaborados con cemento brindan más alternativas para construir fachadas durables y resistentes. Quizás ya esté familiarizado con el estuco (la combinación de cemento, arena y agua). El estuco es instalado en capas sucesivas sobre una superficie de fieltro o metal (mallas), puede ser aplicado sobre paredes de madera o concreto y agregársele una variedad de colorantes a la capa final. También puede pintarse con una fórmula específica de pinturas elásticas a prueba de agua. La textura también es una práctica común en albañilería y ofrece una apariencia natural.

Cuando el estuco es aplicado correctamente, durará por décadas con sólo un poco de mantenimiento. Puede quebrarse o caerse a medida que la casa se asienta, pero en general es un material resistente para los acabados de exteriores. Puede ser aplicado sobre toda la casa o en áreas específicas combinados con otros materiales de la fachada. Si intenta remover el estuco para abrir espacios para ventanas, por ejemplo, es posible pero puede ser una labor intensiva.

El cemento de refuerzo también puede ser usado para cubrir paredes de exteriores. En esencia es una mezcla de cemento Portland, arena y fibra de vidrio combinado con un acrílico fortificante para crear un parche. Es aplicado en capas suaves para tapar ladrillos huecos o superficies de cimientos. Ya que no es mezclado con colores o texturas es usado con moderación para detallar otras formas de fachada.

La piedra natural cementada o los ladrillos son otras formas de fachadas atractivas a considerar. Ambas son pesadas y pueden requerir de refuerzos en las paredes. Los costos de extracción y transporte de la piedra son altos, pero su belleza es inigualable. La piedra natural puede ser usada esporádicamente para embellecer la apariencia de las paredes de cimiento o columnas, y es común combinarla con otros materiales de fachadas para disminuir el costo.

Los ladrillos convencionales dan un acabado rústico de elegancia dependiendo del estilo que escoja. Son durables, inmunes contra los insectos, y a prueba de fuego. La reparación es considerada difícil, y abrir espacios para puertas o ventanas es un trabajo intensivo. Cuando se instalan correctamente, las piedras y ladrillos durarán de por vida.

Si desea lograr la apariencia de piedras y ladrillos en la fachada de la vivienda sin el rigor de cortar y transportar materiales pesados, considere utilizar piedra manufacturada o chapado de ladrillo. Estos productos son hechos de cemento usando molduras de piedra natural o ladrillo para crear las formas deseadas.

El estuco tiene una larga tradición como material para las fachadas de las viviendas, en especial en áreas donde los productos de madera son difíciles de encontrar. Es un material muy durable, pero requiere de algo de mantenimiento.

Los chapados de ladrillo dan una apariencia fantástica a las viviendas diseñadas con fachadas simples. Mantiene alejados los insectos y otros elementos naturales, pero no tiene ningún valor estructural en la edificación.

El chapado de piedra es un elemento de diseño en la vivienda con muy buena aceptación y popularidad. En la actualidad es más factible encontrar instalado chapado fabricado con peso liviano en lugar de la piedra natural.

Las fachadas cubiertas con piedra sin el uso de cemento se ajustan a la estructura con accesorios y soportes mecánicos. Este estilo presenta la belleza de la piedra verdadera sin el trabajo de mezclar y aplicar cemento.

Existe una gran cantidad de imitaciones de piedra disponibles en el mercado (redondas, planas, suaves y con textura), así como variedad de colores. La piedra de chapado es fabricada con cemento sobre la base de fieltro y malla de metal. El peso es más liviano que la piedra original, es menos costoso, y los resultados finales son convincentes.

Los sistemas de ladrillo que no utilizan cemento por lo general son una mejor alternativa para quienes quieren instalarlo por sí mismos. Los ladrillos se intercalan y ajustan unos sobre otros en una superficie revestida con fieltro. No se usa cemento porque cada cuarta hilera es ajustada con tornillos sobre entramados instalados en la pared.

Aún el estilo de paneles horizontales puede ser creado usando materiales compuestos de cemento Portland, arena y fibra de celulosa mezclados en placas de 12 pies de largo (llamado fibra de cemento). Los paneles se instalan en forma similar a la madera, vinilo o metal usando puntillas clavadas contra la pared. Es relativamente de poco peso comparado con otros productos para la fachada a base de cemento. También es razonablemente flexible, no se pudre, raja, comba o brota. Es resistente a los golpes y al agua y es a prueba de fuego. Aún cuando el color no es mezclado con este material, la fibra de cemento está disponible con color de base o pre-pintada. Viene en varios anchos, espesores y texturas, incluyendo superficies suaves, con vetas de madera o granuladas.

El estuco, la piedra de chapado y el ladrillo sin cemento pueden ser instalados con conocimientos moderados de albañilería y algunas herramientas especializadas. La fachada de fibra de cemento también de fácil manejo, pero necesitará cortadoras eléctricas y discos de carburo. Contrate expertos albañiles para instalar la piedra natural o estructuras de ladrillo.

Materiales para marcos, molduras y adornos

El sistema de marcos, molduras y adornos de la vivienda está compuesto esencialmente de los mismos materiales del resto de la fachada: madera, vinilo, metal o productos de fibras sintéticas. En lo posible trate de usar materiales similares en toda la estructura.

Los aleros pueden mejorar la apariencia de los espacios abiertos en los bordes de los techos encerrándolos con paneles que permiten o no la ventilación al interior de los mismos. Si la vivienda ya tiene aleros encajados, puede actualizarlos con sistemas de ventilación continua que son ampliamente disponibles en centros de materiales para construcción. Los aleros con ventilación son apropiados para prever daños causados por el hielo en climas fríos.

Los sistemas de canales son esenciales para mantener el agua que corre por los techos alejada de los andenes y cimientos de la vivienda. También existe una gran variedad de modelos de canales disponibles en almacenes especializados. Uno de los problemas al instalar sistemas completos de canales es la cantidad de uniones resultantes que deben ser selladas para evitar goteras. Si está planeando reemplazar todas las canales de la vivienda, quizás deba considerar contratar a un especialista para realizar el trabajo. Ellos tienen la capacidad de construir secciones de canales de cualquier longitud usando los materiales correctos y las herramientas adecuadas. Esto disminuye en gran parte la cantidad de uniones en el sistema y crea a su vez una mejor apariencia.

Si habita en una casa histórica, las canales pueden estar fabricadas de cobre. Este tipo de canales son de larga duración y pueden dar un toque atractivo al exterior de la casa, pero los centros para materiales de construcción no ofrecen reemplazos. Por lo general debe comprar las partes necesarias en almacenes especializados. Puede encontrar información a través de la Internet.

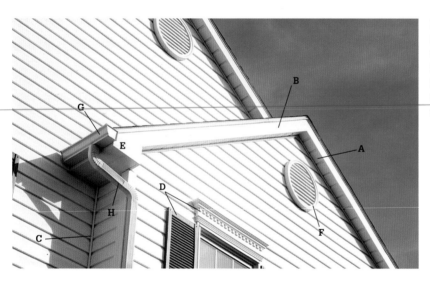

Los componentes de un paquete de materiales para marcos o adornos de la vivienda incluyen: aleros (A), cubiertas de los bordes de aleros (B), molduras esquineras (C), molduras para ventana (D), cornisas (E), hastial esquinero (no visto en la foto), cubiertas para la ventilación (F), y canales (G) con bajantes (H).

Una forma fácil de instalar un sistema de ventilación en el alero de la vivienda es utilizar un panel hecho de aluminio o acero que le darán una apariencia profesional al trabajo final. Las tiras y segmentos se cortan y ajustan a presión con una gran simplicidad.

PVC

Cobre

Acero esmaltado

Los sistemas de canales vienen en vinilo, acero esmaltado y aluminio, y pueden conseguirse en cualquier almacén de distribución de materiales para construcción. Las canales y bajantes son vendidas en longitudes de 10 pies de largo, y los conectores, tapas y codos son vendidos separadamente. Los sistemas hechos de otros materiales (como cobre) pueden ser comprados en centros especializados y a través de la Internet.

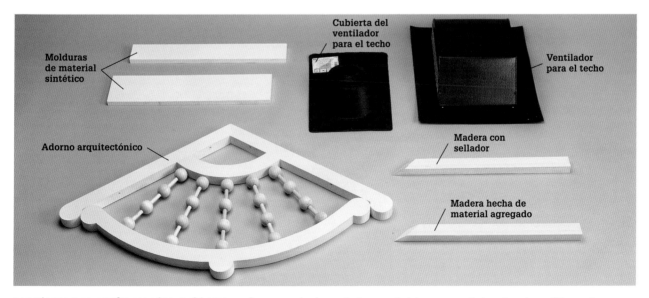

Molduras de material sintético

Cubierta del ventilador para el techo

Ventilador para el techo

Adorno arquitectónico

Madera con sellador

Madera hecha de material agregado

Las piezas que conforman las molduras y adornos exteriores incluyen materiales para construir partes a la medida y partes prefabricadas hechas de madera, material agregado o plásticos. Estos últimos vienen sólo en color blanco, pero muchos de ellos se pueden pintar.

Estimar el material necesario

Ordenar los materiales para el techado

Los materiales para el techado se ordenan en medidas cuadradas; un 'cuadrado' equivale a 100 pies^2. Para determinar cuántos cuadrados necesita debe establecer cuántos pies cuadrados tiene el techo. La forma más fácil de hacerlo es multiplicar el largo por el ancho de cada sección del techo y luego sumar todos los resultados.

En los techos construidos con pronunciados declives o diseños complejos, tome las medidas desde el suelo y multiplique por el número que indique el declive del techo. Mida el largo y ancho de la casa, incluya los aleros y salientes, y multiplique todos los resultados para determinar los pies cuadrados totales. Siguiendo la tabla presentada abajo, multiplique los pies cuadrados por el número que indique el declive. Agregue un 10 por ciento como deshecho, luego divida el resultado por 100 para determinar el número de 'cuadrados' que necesita. No gaste tiempo calculando y restando el tamaño de las áreas que no va a utilizar (como chimeneas o claraboyas), por lo general son áreas pequeñas y no impactarán el resultado final. Además es recomendable tener material de sobra como desperdicio, en el caso de errores, o para hacer reparaciones futuras.

Para determinar cuánto material necesitará para controlar la humedad en la vivienda, mida el tamaño de las aberturas, de los bordes de las mismas, y el número y tamaño de las salidas de los conductos de ventilación a lo largo de todo el techo.

El techado de asfalto viene en paquetes que pesan unas 65 libras cada uno. En los techados normales de tres lengüetas, tres paquetes cubrirán un cuadrado (100 pies^2) de techo.

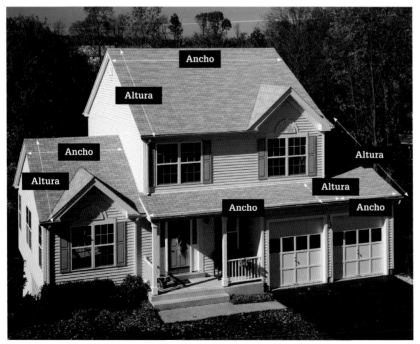

Calcule la superficie del techo multiplicando la altura del mismo por el ancho. Tome las medidas en una sección a la vez y luego sume los resultados. Divida ese número por 100, agregue 10 por ciento como desperdicio, y el resultado será el total de 'cuadrados' de materiales que necesitará.

Tabla de conversión

Declive	Multiplique X	Declive	Multiplique X
2" en 12"	1.02	8" en 12"	1.20
3" en 12"	1.03	9" en 12"	1.25
4" en 12"	1.06	10" en 12"	1.30
5" en 12"	1.08	11" en 12"	1.36
6" en 12"	1.12	12" en 12"	1.41
7" en 12"	1.16		

Ordenar los materiales para la fachada

La fachada es vendida en pie lineal, pie cuadrado, pie por tablero, o cuadrado según el tipo de material. Para determinar la cantidad de materiales que necesitará, calcule los pies cuadrados de cada pared y luego adicione los resultados para obtener el área total.

Para calcular los pies cuadrados de una pared multiplique su largo por el ancho. Calcule el área del hastial usando la fórmula para triángulos (la mitad del largo de la base multiplicada por la altura del triángulo). No necesita substraer las áreas cubiertas por ventanas y puertas, ni tampoco necesita agregar 10 por ciento para material de desperdicio. Las áreas de las puertas y ventanas son casi iguales a la cantidad de desperdicio de material que necesitará calcular.

Use las medidas de la altura y largo de las paredes para establecer cuántos pies de paneles iniciales, canales, postes esquineros y marcos o molduras necesitará. Tenga en cuenta

que quizás tendrá que instalar marcos o canales alrededor de las puertas y ventanas.

Dependiendo del material de fachada que va a ordenar, puede necesitar más material para sobreponerlo. Por ejemplo, si desea instalar paneles de 10" de ancho con 8" expuestas, necesitará tener en cuenta las 2" cubiertas en cada panel. De igual manera, el porcentaje expuesto de la madera, tablillas o techado de asfalto determinará cuántos cuadrados necesitará. Según el radio de exposición, un cuadrado de techado puede cubrir 80, 100 ó 120 pies². La mayoría de los fabricantes suministran tablas de información que muestran cuánto material se necesita para un número específico de pies cuadrados en diferentes radios de exposición. Si tiene problemas para determinar con exactitud el material que necesita comprar, pida ayuda en su centro de distribución.

Determine la cantidad de fachada que necesitará calculando los pies cuadrados de cada pared, luego sume todos los resultados. Para determinar esta medida multiplique la altura por el ancho de la misma. Reste los pies cuadrados de todas las ventanas y puertas y agregue un 10 por ciento de desperdicio para obtener el área total. Tenga en cuenta los marcos y molduras en las esquinas, canales en forma de 'J' y otras piezas similares.

Trabajar con seguridad

Trabajar en el exterior de la vivienda presenta más dificultades que trabajar en su interior. El clima, las alturas y tener cuidado con las cuerdas de electricidad son varios de los elementos a considerar. Teniendo en cuenta algunas precauciones básicas y el sentido común, puede trabajar en forma segura.

Siempre puesta la vestimenta apropiada para el trabajo y el clima. Evite trabajar en temperaturas extremas, calientes o frías, y nunca trabaje durante tormentas o vientos fuertes.

Trabaje junto a un ayudante en lo posible, en especial cuando trabaje en alturas. Si debe trabajar solo, informe a amigos o familiares para que lo supervisen periódicamente. Mantenga siempre su teléfono a la mano.

No maneje herramientas o trabaje en alturas elevadas después de consumir alcohol. Si está tomando medicamentos, lea las recomendaciones del caso cuando trabaje con equipos especiales y herramientas.

Cuando utilice una escalera, extienda el alcance de la misma 3 pies por arriba del borde del techo para crear mayor estabilidad. En lo posible, suba la escalera desde el escalón más cercano a la tierra. Tenga cuidado y mantenga bajo su centro de gravedad cuando pase de la escalera al techo. Mantenga sus caderas al interior de los rieles de la escalera cuando trate de extenderse fuera de ese límite, y tenga cuidado de no extenderse demasiado porque puede perder el equilibrio. Mueva la escalera lo más a menudo posible para evitar sobre-extenderse. Por último, no exceda la capacidad de carga de la escalera. Lea y siga las especificaciones del fabricante en cuanto a la carga y seguridad especificadas en las etiquetas.

Lleve puesta la vestimenta y equipo correcto cuando trabaje en alturas elevadas del piso. Use gafas y protectores para los oídos cuando trabaje con herramientas eléctricas o neumáticas. Si va a caminar sobre un techo, use zapatos fuertes con suelas suaves diseñadas para buena tracción. También cuando trabaje sobre esta superficie, evite usar zapatos de suela dura o botas que pueden averiar las tablillas del techado y son también resbalosas.

Utilice extensiones eléctricas GFCI cuando trabaje en exteriores. Los GFCI (interruptores de circuitos) cortan la electricidad si sucede algún cortocircuito.

Utilice herramientas sin cables para eliminar los peligros de extensiones, especialmente cuando trabaje desde escaleras.

Utilice escaleras de fibra de vidrio o madera cuando trabaje cerca de fuentes eléctricas. Tenga extremo cuidado cerca de esos cables y sólo trabaje a su alrededor cuando es absolutamente necesario.

Nunca suba una escalera llevando una pistola neumática para clavar, cargada y conectada a una manguera con aire presurizado. Aún con los elementos de seguridad, son herramientas peligrosas para el operador y para quien esté cerca de la escalera.

Equipos protectores contra caídas

Aún cuando si se considera diestro y se siente a gusto trabajando en elevadas alturas, lo único que se requiere es un solo error para enfrentar una tragedia. A pesar que muchos trabajadores profesionales nunca llevan puesto un arnés de seguridad, debería seriamente considerar adquirir uno de estos equipos si piensa trabajar en el techo de su vivienda. Estos elementos constan de varios componentes que distribuyen el impacto de la caída sobre los hombros, muslos y espalda para reducir la lesión. El arnés es construido para acomodar el cuerpo de adultos promedio, y se conecta a un amortiguador y un cordón de unos 6 pies de largo. Un mecanismo de auto-detenido une el cordón a una cuerda de seguridad que debe ser amarrada correctamente a un ancla clavada al enmarcado del techo. En el caso que se resbale o caiga, la cuerda de amarre limitará la caída a la longitud de la cuerda de seguridad porque no se moverá más allá de ese punto al menos que desactive manualmente el sistema de seguridad.

La mayoría de los sitios para alquilar herramientas no rentan este tipo de equipos, y un sistema completo puede costar bastante dinero. Pero, cuando se compara con la pérdida de la vida, o una fractura grave, la verdadera inversión es poca. Además, siempre tendrá disponible el sistema cuando necesite subir al techo para hacer mantenimiento o reparaciones.

Herramientas y materiales ▸

Barra de palanca
Taladro / Arnés
Cuerda de seguridad
Lazo de agarre

Cordón de
fibra sintética
Anclaje o caballete
de seguridad

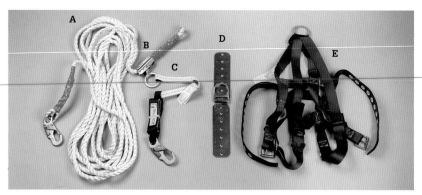

Un sistema arnés consiste de una cuerda de seguridad (A) con un mecanismo manual para agarrar el lazo (B) y un cordón (C), un anclaje o caballete de metal (D), y el cuerpo del arnés (E).

Un anclaje o caballete de metal debe ser asegurado con tornillos al enmarcado del techo. Siga las instrucciones del fabricante en cuanto al tamaño de los tornillos a usar, y compruebe que los puntos de conexión atraviesan el techado hasta el interior de los marcos y vigas.

El mecanismo manual para agarrar el lazo le permite subir al techo a lo largo de la cuerda sin ningún tipo de interferencia. Para moverse hacia abajo del techo necesita activar el mecanismo manualmente. Apenas lo suelte, se detendrá de nuevo.

Levantar y montar techados de asfalto

Levantar los paquetes de techados de asfalto a lo largo de la escalera hasta el techo es un trabajo extenuante, especialmente si tiene que cargar como unos 50 bultos. Con cada paquete pesando entre 65 a 75 libras, necesita tener en cuenta dos cosas: su seguridad y cómo acomodar el material para permitir una correcta instalación. Lo más fácil es hacer que el distribuidor entregue el producto directamente sobre el techo usando una grúa especial u otra forma mecánica. Esto tiene un costo extra, pero el esfuerzo físico que evitará quizás vale la pena la inversión.

Si debe descargar manualmente los paquetes mientras se encuentra en el techo, coloque los dos primeros en forma plana para que sirvan como base, y luego coloque los siguientes parcialmente sobre los dos primeros y sobre el resto del techo. Limite el montón de paquetes a una docena o menos para distribuir bien el peso. En lo posible coloque los paquetes en el punto donde dos techos se intersectan para agregar estabilidad. Distribuya los paquetes en forma equidistante a lo largo de la longitud del caballete del techo para que queden siempre a disposición a medida que avanza con el trabajo. Ya que el caballete es la última sección a cubrir, la mayoría del material ya se habrá utilizado cuando llegue a la punta del techo.

En trabajos más pequeños puede cargar los paquetes de tejas al techo. En este caso, utilice un sujetador para la espalda para prevenir lesiones, y sólo cargue un paquete a la vez sobre los hombros para mantener una mano libre agarrando el marco de la escalera todo el tiempo. Pase cada bulto a la persona que lo está ayudando sobre el techo, y tomen turnos antes de que se canse para así conservar energía y para compartir la realidad del trabajo forzoso.

Cómo acomodar el material del techado

Soporte para la espalda

Cuando tenga que cargar los paquetes subiendo la escalera, use un sujetador de espalda para evitar lesiones. Tómese el tiempo necesario y descanse con frecuencia. Compruebe que el paquete esté bien balanceado antes de subir la escalera. Si siente que el peso se inclina, suelte el paquete de inmediato para mantener la seguridad. Asegúrese de tener a alguien que lo ayude a descargar cuando llegue al techo. Así evitará dejar los paquetes sobre el borde con el riesgo que se caigan.

Construya montones estables de 12 paquetes cerca del caballete del techo. Coloque dos paquetes en forma plana y luego ponga los siguientes intercalados sobre los dos primeros y sobre el resto del techo. En lo posible coloque los paquetes en el punto donde dos techos se intersectan.

Utilice bloques de madera prensada para nivelar y estabilizar las patas de los andamios o escalera. Si el andamio tiene ruedas, bloquee cada una con los frenos de mano.

Utilice una escalera de extensión cuando realice reparaciones rápidas sobre las canales, cornisas y aleros, y para subirse al techo.

Estabilice la escalera con estacas clavadas en el suelo detrás de cada pata de la misma. Coloque bloques fuertes debajo de las patas si el terreno está desnivelado.

Ganchos de escalón

PRECAUCIÓN: Tenga cuidado cuando dé pasos de un escalón a otro.

Compruebe que los ganchos de los escalones estén seguros antes de subirse en la escalera. La parte abierta de los ganchos deben abrazar el peldaño en la parte baja de la extensión.

Ensamble un estabilizador graduable para la escalera para minimizar las posibilidades de resbalarse. Descanse las patas del estabilizador sobre superficies planas, estables y anchas.

Ancle una escalera de extensión amarrando su parte superior a un área segura, como una chimenea, o contra el ojal de un tornillo bien incrustado.

Ensamble el gato de escalera colocando las piezas de montaje sobre los peldaños. Nivele el cuerpo de la plataforma y asegúrela en su lugar.

Coloque el tablón sobre los brazos de la plataforma. Ajuste los brazos para sostener el tablón en su lugar.

Instalar andamios

Quizás lo único que necesite para realizar el trabajo en el techo es una serie de gatos y escaleras de soporte, pero si necesita reemplazar la cubierta de la fachada a una altura superior del primer piso de la vivienda, tendrá que utilizar algún tipo de plataforma en forma de andamio. No es recomendable en absoluto deslizar un tablón entre dos escaleras. Este tipo de arreglo carece de estabilidad y puede resbalarse. Una plataforma expandida es más adecuada para colocar materiales y poder caminar libremente sobre la superficie.

Los andamios de acero tubular pueden alquilarse en los centros de materiales para construcción, y puede arrendarlos por días, semanas o meses. Deben tener las instrucciones completas de ensamble. Comience colocando el andamio sobre una superficie plana libre de barro o desperdicios de construcción. Si necesita ajustar el primer nivel del andamio debido a un terreno desigual, siga las instrucciones con cuidado. No use montones de maderos para crear una superficie nivelada.

Cada sección del andamio consta de dos marcos, varias barras cruzadas de amarre y tablones para crear la plataforma. Coloque la primera sección sobre bases de metal (si vienen con el equipo), o sobre placas anchas de soporte de madera. Utilice cuerdas de medición o instrumentos para nivelar para comprobar que los marcos del andamio están a plomo. Si la estructura tiene tornillos del gato de ajuste, utilícelos para nivelarla.

Compruebe que todos los componentes estén en el lugar correcto, luego coloque el tablón para crear la primera plataforma. La plataforma no debe balancearse y deben quedar alineadas para evitar tropezones. No deben quedar separadas más de una pulgada. Después que el primer nivel ha quedado asegurado, construya el segundo siguiendo los mismos pasos. Compruebe que todas las conexiones entre niveles estén bien seguras. Si va a construir el andamio a una altura superior a 16 pies, utilice soportes para sujetarlo contra la pared para agregar mayor estabilidad. Sin importar qué tan alto construya el andamio, cada sección debe tener la misma estabilidad de la primera. Adicione soportes de seguridad y pasamanos que puedan ser requeridos.

Herramientas y materiales ▶

Componentes
   del andamio
Cuerdas de medición

Niveles
Pala (para nivelar la base
   de la estructura)

Si va a instalar o pintar la fachada, alquilar un andamio es una buena inversión. Los costos se recuperarán fácilmente con el ahorro de tiempo y mayor seguridad.

Asegurar los andamios ▶

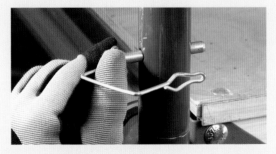

Las secciones de los andamios se conectan con pernos especiales de seguridad introducidos al interior de los huecos alineados en las patas. Los pernos tienen ganchos que se abrazan alrededor de ambos lados de los huecos para evitar que se salgan de las patas. Aún con estos pernos, es aconsejable revisar las conexiones antes de usar el andamio.

Cómo instalar los andamios

1

Limpie el área de desperdicios y luego ensamble la primera sección de marcos y barras cruzadas para crear la base de la estructura del andamio.

2

Utilice cuerdas de medición y niveles para comprobar que los marcos están a plomo. Ajuste la estructura con los tornillos del gato ubicados en las patas de los marcos o nivelándola siguiendo las recomendaciones del fabricante. Las patas deben descansar firmemente sobre una base de metal o madera. Nunca utilice montones de maderos para nivelar el andamio. Coloque los tablones en la posición correcta para crear la plataforma inferior.

3

Ensamble las partes para la segunda sección sobre la primera. Compruebe que todas las uniones y sitios de conexión estén en su lugar (ver la recomendación en la página anterior).

4

En el caso de alturas elevadas que requieren más de dos pisos de andamios, asegúrelo contra la pared de la estructura de la vivienda usando cadenas o conectores como abrazaderas. Asegúrelo contra las vigas estructurales (no sólo contra la pared).

Andamios con gatos de elevación

De vez en cuando notará trabajadores de construcción utilizando sistemas de andamios con gatos de elevación cuando instalan fachadas. Estos gatos consisten de postes largos de soporte hechos de aluminio o madera que se extienden desde el piso hasta la altura del techo. En cada poste se monta un gato operado con el pie que soporta una plataforma de madera o aluminio. Algunos modelos incluyen plataformas secundarias que son usadas como asiento o riel de seguridad. La ventaja de usar gatos de elevación en lugar de secciones de andamios es la facilidad de ajustarlos. Cada vez que se ajusta el gato en cada poste la plataforma sube en intervalos de 6 pulgadas. Este tipo de gatos es recomendable en la instalación de fachadas y trabajos de pintura porque es necesario incrementar la altura a medida que se realiza la labor. Los andamios tradicionales ofrecen una plataforma más grande, pero las alturas están preestablecidas.

Este tipo de andamios también son menos comunes en los centros de alquiler. A veces puede conseguirlos prestados durante épocas cuando el trabajo es más lento. Es posible alquilarlos a un costo razonable si averigua en la Internet. Aún cuando los gatos de elevación son estables y versátiles, no ofrecen el mismo nivel de protección que los andamios tradicionales, y no tiene el mismo espacio disponible para colocar materiales o herramientas. Si tiene acceso a un equipo de protección contra caídas, utilícelo.

Los gatos de elevación son una alternativa conveniente de andamios. Ofrecen un mayor espacio y son más seguros que las escaleras. El gato que soporta la plataforma es movido hacia arriba o abajo sobre el poste de soporte por medio del pie.

Herramientas y materiales ▸

Componentes del gato
Postes de soporte de
   madera (si son
   necesarios)

Equipo de protección
   contra caídas (muy
   recomendable)
Martillo / Puntillas 16d

Cómo usar un andamio con gato de elevación

1

Plataforma

Poste

Gatos

Agarraderas

Ensamble los componentes. Necesitará un par de gatos operados con el pie y postes para elevar la plataforma de trabajo. Las partes se ensamblan con rapidez y ofrecen más flexibilidad que los andamios tradicionales para trabajar a diferentes alturas. Son ideales para la instalación de fachadas.

2

Construya los postes de soporte. Dependiendo de los gatos que utilice, quizás deba construir primero los postes con maderos de 2 × 4 y con puntillas 16d. Pueden tener hasta 30 pies de altura teniendo en cuenta que las uniones queden intercaladas y las placas de remiendo clavadas en cada unión.

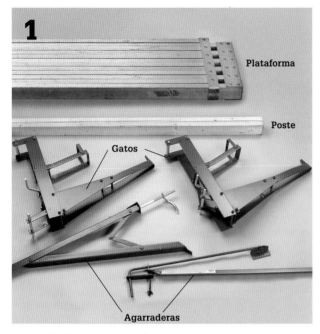

3

Asegure los postes a las vigas del exterior de la vivienda por medio de abrazaderas triangulares para gatos de postes.

4

Instale la plataforma y ajuste la altura. Dos personas pueden elevar o bajar la plataforma rápidamente, pero sólo una sola puede operar el gato a la vez. Escoja los materiales y herramientas en detalle antes de subir la plataforma. Aquí el espacio es más restringido y debe ser llevada a tierra para reemplazar herramientas o materiales.

Instalar gatos para techo

Caminar con seguridad no es un problema cuando se trabaja sobre techos de poca inclinación, pero es un factor importante de seguridad a considerar cuando se trata de techos con declives de 7" en 12" de longitud, o superiores. En estas situaciones, necesita instalar gatos de techo para crear un área de trabajo estable y poder caminar con seguridad. Estos gatos son soportes de metal clavados temporalmente a la estructura del techo para soportar maderos de 2 × 8 ó 2 × 10. Además de facilitar el caminado, también ofrecen una superficie plana para pararse y aliviar así la tensión en los tobillos. Deben ser instalados cada 4 pies de longitud del madero y clavadas con puntillas 16d. Son de poco costo y se consiguen en cualquier centro de distribución de materiales.

Herramientas y materiales ▸

Barra de palanca
Martillo
Puntillas 16d
Gatos para techo
Maderos (2 × 8 ó 2 × 10)

Los gatos para techo son abrazaderas de metal que se clavan sobre la estructura del techo. Al instalarse en pares, sostendrán maderos (por lo general de 2 × 8) para crear un área de trabajo segura en un techo con declive.

Cómo instalar los gatos para techo

Clave los gatos sobre la estructura del techo en la cuarta o quinta fila. Clave las puntillas sobre el techado que se sobrepone y no va ser expuesto. Instale un gato cada 4 pies dejando los maderos de 6 a 12" salidos en cada extremo.

Instale el techado por encima del gato. Coloque los maderos de 2 × 8 ó 2 × 10 sobre los gatos. Clávelo con puntillas a través de los huecos en el borde del gato.

Cuando haya terminado el trabajo quite los maderos y los gatos. Coloque la barra de palanca debajo de cada puntilla y arránquelas ayudándose con un martillo.

▌Preparación del sitio de trabajo

Cubra las unidades de aire acondicionado, electrodomésticos y otras estructuras cerca de la vivienda. Desconecte la electricidad antes de cubrirlos y no los use mientras estén cubiertos.

Quite el exterior de las ventanas y los elementos decorativos para protegerlos contra el daño y así facilitar la pintada de la pared.

Alquile un contenedor para la basura durante el proceso de demolición del proyecto. Esto le permite deshacerse inmediatamente del desperdicio manteniendo el lugar de trabajo más limpio y seguro.

Construya una plataforma con bancos y una pieza de contrachapado. Las herramientas dejadas en el piso presentan un peligro y se pueden averiar con la humedad. Esta es una manera más eficiente y segura de organizar las herramientas para que permanezcan secas y al alcance de la mano.

Instalar el techado

Sin importar si está planeando remover las piezas averiadas del techo para reemplazarlas por nuevas, instalar un techado sobre la capa existente, o simplemente quiere hacer algunos arreglos necesarios en algunas tejas o en áreas donde se está filtrando la humedad, su objetivo principal es asegurarse que el techo está construido completamente a prueba de agua. Todas las demás consideraciones son secundarias cuando se trata de tener el techo en buenas condiciones y mantener el agua fuera del interior de la casa.

Si no se tiene una clara idea de cómo instalar el fieltro de base, las láminas para controlar la humedad o el techado en forma apropiada, las goteras prácticamente serán inevitables. En realidad, instalar los materiales del techado correctamente no es difícil de hacer, y el siguiente capítulo le indicará cómo llevarlo a cabo. Los techados de asfalto, las tablillas de madera, o los techos con membrana EPDM son proyectos excelentes para realizar por si mismo. No sólo ahorrará el dinero que tendría que pagarle a un instalador profesional, pero también tendrá la satisfacción de que ha hecho el trabajo. El alarde siempre será suyo.

En este capítulo:

- Anatomía de un techo
- Herramientas y materiales
- Remover las tejas averiadas
- Reemplazar la base del techado
- Papel de base
- Canales de bordes
- Láminas para controlar la humedad
- Techado de asfalto
- Conducto de ventilación sobre el caballete
- Instalar nuevas tejas sobre un techado viejo
- Techado de tablillas de cedro
- Rollo de techado
- Techado de caucho EPDM
- Techado de tejas de arcilla

Anatomía de un techo

Todos los elementos de un sistema de techado se complementan para proporcionar abrigo, un buen desagüe y ventilación. La cubierta del techo está compuesta de un revestimiento, papel de fieltro, y tejas. Las láminas de protección contra la humedad son instaladas en áreas donde el agua se acumula, alrededor de las chimeneas, los tubos de ventilación y en otros elementos del techo para mantener el agua alejada. Los aleros cubren y protegen el área de los bordes que sobresale del techo. Las cubiertas o moldes por lo general se unen a las puntas de las vigas del techo, y sostienen los paneles del alero, el sistema de canales y las bajantes. Los ventiladores del alero y del techo mantienen aire fresco circulando a través de todo el techo.

Ventilación del techo

Conducto de ventilación

Borde lateral del techo

Base o revestimiento del techo

Facia o moldura de cubierta

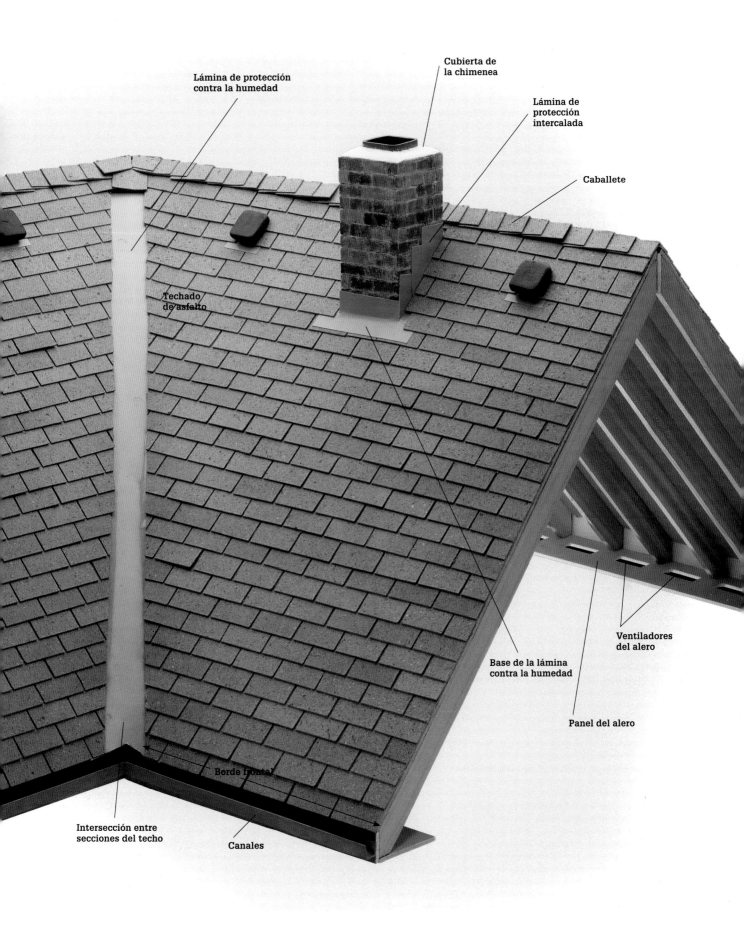

Lámina de protección
contra la humedad

Cubierta de
la chimenea

Lámina de
protección
intercalada

Caballete

Techado
de asfalto

Base de la lámina
contra la humedad

Ventiladores
del alero

Panel del alero

Intersección entre
secciones del techo

Borde frontal

Canales

Herramientas y materiales

Las condiciones de trabajo sobre un techo pueden ser difíciles. Por tal razón debe hacer la labor lo más fácil posible reuniendo las herramientas y el equipo necesario antes de empezar.

Algunas de estas herramientas, como un martillo neumático y un hacha para el techo, son específicas para esta clase de trabajo. Si no las tiene y no las quiere comprar, puede alquilarlas en centros de distribución de materiales para construcción.

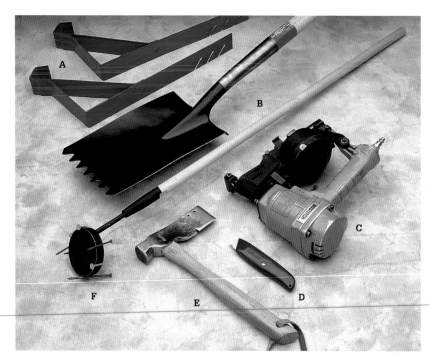

Entre las herramientas especiales para trabajar en un techado se incluyen: gatos para el techo (A) para usar en techos con declives pronunciados (página 58), pala para el techo (B) para arrancar material ya instalado y puntillas clavadas con un martillo neumático (C), navaja con una cuchilla en forma de gancho (D) para cortar tejas de asfalto, martillo para el techo con guías de alineación y cuchilla de hacha (E) para la instalación de tejas de asfalto, y un imán para trabajos de limpieza sobre el techo (F).

Utilice gatos para el techo en techados con declives pronunciados. Clave los soportes sobre la cuarta o quinta fila del techado y coloque el madero más ancho que el soporte puede sostener.

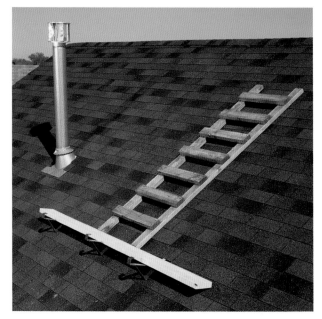

Para mayor seguridad al caminar construya una escalera sobre el techo clavando maderos entre un par de 2 × 4. Asegure la escalera con los gatos de techo y párese sobre el mismo para mayor estabilidad.

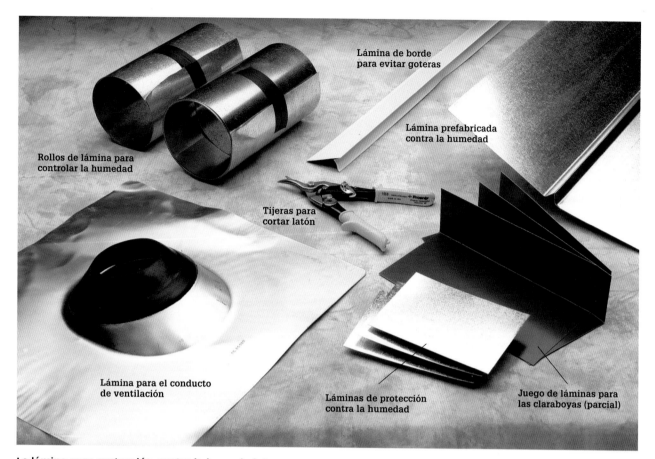

Lámina de borde para evitar goteras

Lámina prefabricada contra la humedad

Rollos de lámina para controlar la humedad

Tijeras para cortar latón

Lámina para el conducto de ventilación

Láminas de protección contra la humedad

Juego de láminas para las claraboyas (parcial)

La lámina para protección contra la humedad viene en tamaños y formas prefabricadas. Las piezas para las intersecciones, láminas de base, caballetes y otras no estandarizadas se cortan de rollos de lámina con tijeras para latón. Otras piezas pueden comprarse en varios tamaños y moldearse a la medida. La lámina para el borde y conductos de ventilación se consigue prefabricada. La de las claraboyas por lo general viene en juegos junto con la ventana. Las piezas más complicadas, como cubiertas de chimeneas, pueden fabricarse a la medida por un especialista metalúrgico.

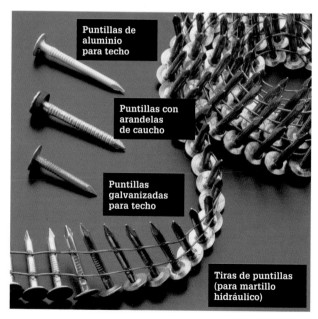

Puntillas de aluminio para techo

Puntillas con arandelas de caucho

Puntillas galvanizadas para techo

Tiras de puntillas (para martillo hidráulico)

Papel de fieltro (30#)

Cemento para techado

Membrana para la protección contra el hielo

Existen varios tipos de conectores desarrollados para diferentes tipos de trabajos. Use las puntillas galvanizadas para clavar las tejas de asfalto manualmente, las de aluminio para clavar láminas, las que tienen arandelas de caucho para clavar láminas galvanizadas, y use las tiras de puntillas cuando trabaje con martillos neumáticos.

Entre los materiales comunes para el techado se incluyen el papel de fieltro 30# usado como base sobre el revestimiento del techo; la membrana usada en climas fríos; y los tubos de pegante para sellar huecos pequeños, grietas y uniones.

Remover las tejas averiadas

Remover las tejas averiadas del techo puede hacerse con rapidez, y es uno de los pasos más satisfactorios en proyectos de reconstrucción de techados. Si no puede reemplazar todas las tejas en un solo día, quite una sección a la vez, reconstrúyala, y luego continúe con la siguiente.

Remover las tejas y el material deteriorado produce una gran cantidad de desperdicio, y tomar en cuenta unos pasos básicos de preparación pueden hacer la labor más fácil (ver la página 59). Extienda lonas grandes sobre el piso y coloque láminas de contrachapado sobre las paredes y fachadas para proteger las superficies.

Si no es posible alquilar un contenedor para la basura, coloque carretillas sobre las lonas a lo largo del piso para recolectar el desperdicio. Tenga en cuenta que usted tiene la responsabilidad de deshacerse de todo el material del viejo techo, lo cual quizás requerirá varios viajes al basurero. Para mayor efectividad, pida ayuda para que alguien recoja la basura del piso mientras trabaja en el techo.

Herramientas y materiales ▸

Martillo / Cincel
Barra de palanca
Navaja / Taladro
Pala para el techo
    u horquilla
Escoba
Imán
Rastrillo

Tijeras para
    cortar latón
Sierra recíproca
Vestimenta protectora
Lonas
Carretillas o un
    contenedor
    de basura

Alquile un contenedor a través de una empresa de recolección de basuras u otro sitio especializado. Si está reconstruyendo el techado, coloque el contenedor debajo del borde del techo para que cuando esté removiendo las partes averiadas el desperdicio caiga directamente dentro del contenedor.

Cómo remover las tejas averiadas

Remueva la cubierta del caballete con una barra de palanca plana. Levante la teja en el punto donde se encuentra clavada con las puntillas.

Trabajando hacia abajo desde arriba desprenda el papel de fieltro y las tejas viejas usando una pala para techos u horquilla.

Al menos que la lámina contra la humedad esté en excelentes condiciones, quítela cortando el pegante que la une al techado. Quizás pueda volver a utilizar ciertas piezas como las que cubren la chimenea u otras similares.

Después de remover las tejas de asfalto, el papel de fieltro y las láminas contra la humedad de toda la sección a reparar, quite las puntillas restantes y barra el techo con una escoba.

Si alguna demora inesperada no le permite terminar la sección antes que se oscurezca, cúbrala con lonas y use los paquetes de tejas para mantenerla en su posición.

Reemplazar la base del techado

Después que haya removido todas las tejas averiadas, inspeccione la base del techo en busca de daños. Si encuentra áreas deterioradas, necesita reemplazarlas. La mayoría de los techos antiguos están construidos con tableros de techado por lo general de 1 × 6, mientras los más nuevos utilizan láminas de contrachapado o de filamento orientado (OSB) de 4 × 8 pies. Aún si el techo está construido con tableros antiguos, puede reemplazarlos con contrachapados como se hace en este ejemplo. Compruebe que el contrachapado tiene el mismo espesor que los tableros instalados y son fabricados para uso exterior.

Antes de cortar las secciones del techo revise si hay cables por debajo. Pueden haber cables de teléfono o de televisión escondidos debajo del techo y debe evitar cortarlos en el proceso. Procure no caminar sobre las partes averiadas. Si tiene acceso por debajo del techo, puede ser más seguro hacer los cortes desde ese lugar.

Los daños sobre los tableros o láminas del techo por lo general suceden cuando hay fallas en las formas de sellado del techo, y suceden típicamente alrededor de la chimenea, de la ventilación del techo, claraboyas u otro objeto que necesita control contra la humedad. Si va a instalar de nuevo láminas contra la humedad, tenga en cuenta de no repetir los mismos errores. Si está haciendo reparos en sitios determinados, asegúrese de identificar la causa exacta de la humedad que causó el daño. Si el daño está localizado cerca del borde y no fue causado por una lámina de protección contra la humedad o una gotera a través del techo, quizás fue creado por una acumulación de hielo (ver la página 234).

Herramientas y materiales ▸

Sierra circular / recíproca
Cinta métrica / Taladro
Cuerda de tiza
Barra plana de palanca
Láminas de contrachapado de reemplazo

Contrachapado
Puntillas en tiras de madera de 2 × 4
Tornillos para terraza de 3" y 2¼"
Puntillas con cuerpo anillado 8d

Después

Antes

Inspeccione la base del techado después que ha removido las tejas en busca de material de base averiado. Reemplace las áreas deterioradas. Compruebe que las nuevas uniones se hacen sobre las vigas. También reemplace los maderos de los marcos si se han averiado.

Cómo reemplazar la base del techado

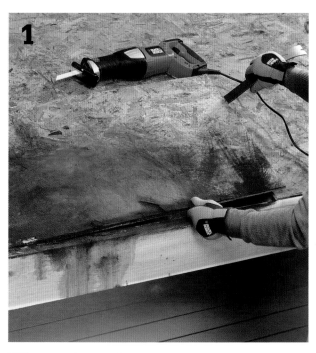

Utilice una sierra recíproca para cortar la base cerca de las vigas y en el área que se extiende mucho más allá del daño. Quite la sección averiada con una barra de palanca.

Instale tiras de madera con puntillas 2 × 4 al interior de los bordes de las vigas usando tornillos de terraza de 3".

Use una lámina de contrachapado para uso exterior para hacer el reparo. Mida el área de corte y deje ⅛" de espacio en todos los lados para permitir la expansión. Corte la pieza. Clávela a las vigas y a las tiras de madera con puntillas usando tornillos para terraza de 2¼" o puntilla de cuerpo anillado 8d.

Opción: Si el techo es hecho de tableros (1 × 6 era común antes que el contrachapado se popularizara), es aceptable usar el contrachapado para hacer la reparación, y debe ser del mismo espesor que los tableros originales (por lo general ¾").

Papel de base

El papel de fieltro, también llamado papel de construcción, se instala sobre la base de los techos como una herramienta de seguridad en caso que se forme una gotera a través de las tejas o de la lámina de protección contra la humedad. Se consigue en varios calibres, pero el papel 30# más pesado es una buena alternativa para usar debajo del techado y puede ser requerido por los códigos.

En los climas fríos, el código a menudo requiere de una capa extra de papel de base llamada "protector contra el agua o hielo" o "protector contra el hielo" y es usado en lugar del papel de fieltro estándar en la primera o segunda capa de papel, como lo muestra este ejemplo. En este tipo de clima instale cuantas capas de este papel sean necesarias para cubrir 24" más allá del alero del techo. Una membrana adhesiva pega el papel contra el techo para crear una barrera protectora contra el agua derretida de acumulaciones de hielo.

Si instala el papel de base en forma derecha, puede usar las líneas del papel como referencia cuando instale los materiales del techado. Esto ayudará a mantener las hileras de tejas en línea recta y derecha.

Herramientas y materiales ▶

Cuerda de tiza
Grapadora de martillo
Barra plana de palanca
Navaja / Grapas
Cinta métrica

Pistola para silicona
Papel de fieltro 30#
Papel protector contra el agua o hielo
Cemento para techo

Para una protección óptima del techo, instale el papel protector contra el agua o hielo en áreas de acumulación de agua, a lo largo de los bordes del techo y aleros. Instale papel de fieltro 30# sobre el resto del techo.

Cómo instalar papel de base

Dibuje una línea con la cuerda de tiza a 35⅝" hacia arriba desde el borde del techo para que la primera tira de la membrana de 36" sobresalga del techo ⅜". Instale la tira del papel protector contra el agua o hielo usando la línea de tiza como referencia y despegando la capa protectora del pegante a medida que la desenrolla.

Midiendo a partir de los bordes, marque 32" más arriba del último rollo de papel y trace otra línea con la cuerda de tiza. Desenvuelva otro rollo de papel (o papel protector contra el agua o hielo si es requerido) sobre la línea sobreponiendo la primera hilera 4". *Consejo: Clave grapas de 2 a 12" a lo largo de los bordes del papel de fieltro, y una grapa por cada pie cuadrado en el centro del papel.*

En las intersecciones de techos, ponga papel de fieltro en ambas partes sobreponiendo las puntas 36". Instale el papel hasta el caballete —la parte enrollada hacia arriba— marcando líneas horizontales cada dos o tres hileras para comprobar el alineamiento. Sobreponga las uniones horizontales 4", las verticales 12", y los caballetes y salientes 6". Corte las hileras a ras con los bordes de las vigas del techo.

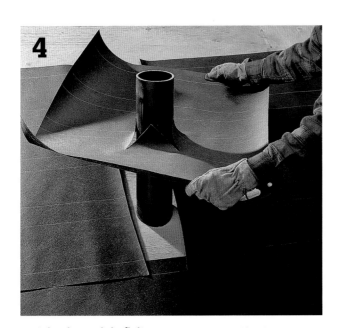

Instale el papel de fieltro sobre una obstrucción y luego continúe colocando la hilera en el lado opuesto (mantenga la línea recta). Corte la sección que sobrepone el papel 12" en todas las direcciones. Haga un corte en forma de cruz para encajar la pieza sobre la obstrucción y colóquela sobre la misma, clávela con grapas y selle las uniones con pegamento para techo.

En la parte inferior de las buhardillas (ventanas de áticos) y paredes laterales, incruste el papel debajo de la pieza de fachada que se intersecta con el techo. Levante la pieza con cuidado e introduzca el papel al menos 2". Haga lo mismo debajo de las láminas contra la humedad alrededor de las chimeneas y claraboyas. No clave las láminas en estas áreas hasta que instale las cubiertas finales.

Canales de bordes

Este tipo de canales son láminas contra la humedad instaladas a lo largo de todos los bordes del techo para dirigir el agua fuera de la estructura. Aunque la función principal de estas piezas es alejar el agua, también dan un acabado atractivo al techo. Este material es resistente a la corrosión y no manchará los bordes o elementos adyacentes del techo.

Las canales son instaladas en los bordes frontales antes de instalar el papel de fieltro para permitir que el agua corra fuera del techo en el caso que se introduzca a través de las tejas. En los bordes que corren paralelos con la caída del techo, la lámina se instala después que el papel ha sido colocado para evitar que la lluvia traída por el viento penetre debajo del papel.

Las láminas siempre se clavan directamente sobre las vigas del techo en lugar de clavarlas contra el marco del borde. Las cabezas de las puntillas luego se cubren con material del techado.

Hay dos estilos básicos de canales para los bordes. Una es el 'estilo C' que no tiene borde sobresaliente. La otra clase, mucho más común, es una versión extendida que tiene un dobladillo colgando a lo largo de los bordes.

Herramientas y materiales ▶

Martillo / Cinta métrica	Sierra circular
Tijeras para cortar latón	Papel de fieltro 30#
Canal para los bordes	Papel protector contra
Puntillas para el techo	el agua o hielo

Canal de borde

Las canales de bordes son láminas que evitan que el agua penetre dentro del techo o debajo de los materiales de protección a lo largo de los bordes frontales y laterales.

Cómo instalar la canal de bordes

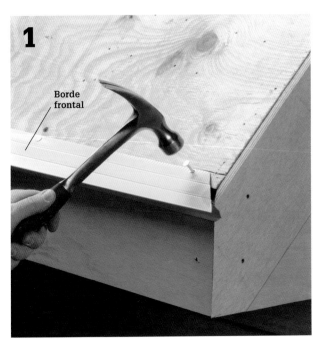

Corte una de las puntas del borde a 45° usando unas tijeras para latón. Coloque la canal sobre la punta del borde frontal del techo. Clave la lámina cada 12".

Sobreponga las piezas de la canal 2". Instale la canal en todos los bordes frontales dejando las puntas opuestas en un ángulo de 45°.

Instale el papel de fieltro (o el papel protector contra el agua o hielo si es necesario) sobreponiendo los bordes frontales ⅜" (ver las páginas 70 a 71).

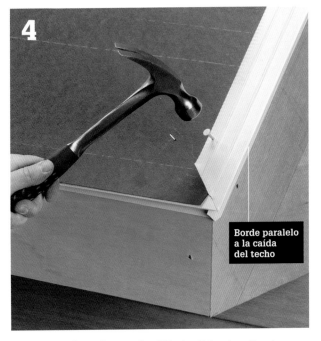

Corte una pieza de canal a 45° e instálela sobre el borde formando un ángulo de unión con las canales instaladas sobre los bordes frontales. Sobreponga las piezas 2" dejando la pieza más elevada por encima de la otra. Instale la lámina hasta la punta del caballete. Instale la canal en la otra caída del techo de la misma forma.

Láminas para controlar la humedad

Las láminas para controlar la humedad son barreras de metal o caucho usadas para proteger las uniones de los elementos del techo o entre las secciones instaladas sobre el mismo. Las láminas de metal son hechas de acero galvanizado, cobre o aluminio. Sin importar cuál escoja, utilice puntillas del mismo material. La mezcla de diferentes materiales puede causar corrosión y decoloración.

Su función principal es canalizar el agua afuera del techo y de las intersecciones. Se instala en áreas donde no se puede instalar tejas y por tal razón se crearían goteras. Algunas láminas como las instaladas entre secciones, mostrado en la página opuesta, se instalan sobre el papel de fieltro antes de colocar el techado. Otras láminas, como las colocadas en las tuberías de ventilación, se instalan conjuntamente con el techado, como se muestra en las secuencias de instalación a lo largo de este capítulo.

Aún cuando la mayoría de las láminas vienen prefabricadas, a veces es necesario crear piezas individuales. Esto sucede en especial alrededor de varios elementos del techo, como chimeneas o buhardillas, que necesitan adaptarse a varias formas y tamaños. Construir una plantilla de guía para doblar las láminas le ayudará en esa labor.

Cuando instale la lámina alrededor de elementos, debe asegurarla a una sola superficie (por lo general a la plataforma del techo). Utilice sólo pegamento para techo para hacer estas uniones. La lámina debe tener la capacidad de doblarse ya que tanto el elemento como la plataforma del techo se expanden y contraen. Si la lámina es clavada tanto al elemento como a la plataforma, se romperá o despegará.

Herramientas y materiales ▸

Tijeras para cortar latón
Pistola para silicona
Barra plana de palanca
Cinta métrica / Tornillos
Llana / Abrazadera
Lámina de
    metal galvanizado

Martillo para techado
Adhesivo para techado
Puntillas para techado
    o con arandelas
    de caucho
Herramienta para
    raspar la madera

La lámina de protección contra la humedad es un elemento crítico en los techos que ayuda a mantener la estructura a prueba de agua. La mayoría de los techos tienen láminas entre las uniones de secciones y alrededor de las buhardillas. Esta estructura utiliza varias láminas de secciones y alrededor de la ventana que sobresale del techo.

Cómo doblar la lámina de protección contra la humedad

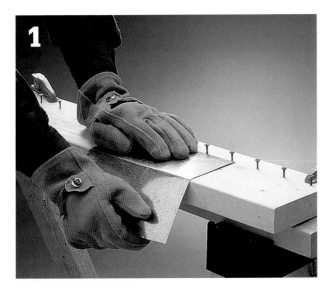

Para doblar la lámina, construya una plantilla guía clavando tornillos sobre un madero, dejando un espacio igual a la mitad del ancho de la lámina medido desde el borde del madero. Una el madero a la superficie de trabajo con una abrazadera. Coloque la lámina a doblar en el madero y dóblela sobre el borde.

Use la lámina vieja como plantilla para crear las piezas de reemplazo. Esta acción es recomendable cuando necesita reproducir piezas de formas complicadas como las colocadas alrededor de chimeneas o buhardillas.

Cómo instalar la lámina en uniones de secciones

Sobrepuesto de 8"

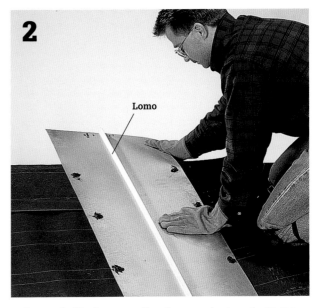

Lomo

Comenzando desde los bordes frontales, coloque la pieza de lámina sobre la intersección dejando la parte inferior en forma de 'V' descansando sobre el surco de unión. Clave la lámina en intervalos de 12" a cada lado. Corte la pieza a ras con la canal del borde en cada lado de la sección. Trabajando hacia arriba, agregue las siguientes piezas sobreponiéndolas sobre las inferiores al menos 8" hasta que llegue al caballete.

Deje que la lámina se extienda unas pulgadas más allá de la altura del caballete. Doble la pieza para que descanse sobre el otro lado. Si está instalando lámina prefabricada, haga un corte pequeño en ese lugar para facilitar el doblaje. Cubra la cabeza de las puntillas con pegamento para techo (si no está usando puntillas con arandelas de caucho). Aplique el pegamento a lo largo de los bordes de la lámina.

Techado de asfalto

Si desea instalar un techado de asfalto en su vivienda, hará parte de la tendencia popular. En los Estados Unidos, cuatro de cada cinco dueños de viviendas escogen este tipo de tejas como el material predilecto. Son muy apropiadas para cualquier tipo de clima, se encuentran en una gran variedad de colores, formas y texturas que complementan cualquier diseño de la vivienda, y es menos costoso que otros materiales para techado.

Están disponibles en material de fibra de vidrio u orgánico. Ambas clases son fabricadas con asfalto, pero la diferencia es que una utiliza base de refuerzo de fibra de vidrio, y la otra utiliza fibra celulosa. Los techados de fibra de vidrio son más livianos, delgados y tienen una mejor resistencia contra el fuego. Los orgánicos son más resistentes a las rajaduras, son más flexibles en climas fríos y son usados más comúnmente en las regiones norteñas de los Estados Unidos.

Aún cuando otras innovaciones existen en el mercado, como el techado arquitectónico o laminado que ofrece una apariencia tridimensional, el techado tradicional de tres lengüetas continúa siendo el más común, y es el que usaremos en el proyecto presentado a continuación. Las lengüetas ofrecen una fácil referencia para alinear el techado durante la instalación.

Para ayudar a acelerar el proceso, alquile un compresor y un martillo hidráulico para techado. Esto le ahorrará una gran cantidad de tiempo en el clavado de las tejas.

Herramientas y materiales ▸

Tijeras para cortar latón
Escuadra de carpintero
Cuerda de tiza / Navaja
Barra plana de palanca
Hacha de techado o
  pistola neumática
  para puntillas
Cinta métrica / Regla
Pistola para silicona

Lámina contra
  la humedad
Techado de asfalto
Puntillas en cartucho
Adhesivo para techado
Puntillas para techos
  (⅞", 1¼")
Puntillas con arandelas
  de caucho

Intercale los techados de asfalto para una protección más efectiva contra las goteras. Si es instalado en filas sucesivas, el agua forma canales incrementando la erosión de la superficie mineral de la teja. Si crea un intervalo de 6" entre las hileras (con el techado de tres lengüetas aquí mostrado), asegure que las lengüetas no queden alineadas.

Cómo instalar el techado de asfalto de tres lengüetas

Cubra el techo con el papel indicado (ver páginas 70 y 71), e instale las canales del borde (ver páginas 72 y 73). Dibuje una línea con tiza sobre el papel de base a 11½" desde el borde frontal del techo para marcar el alineamiento de la primera hilera. Esto dejará ½" de las tejas estándar (de 12") colgando del techo. *Consejo: Use tiza de color azul en lugar de tiza roja porque esta última mancha los materiales del techo.*

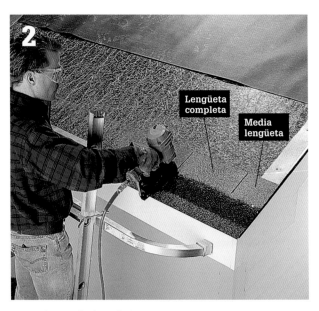

Corte la media lengüeta (6") de la pieza de techado. Colóquela boca abajo para que las lengüetas queden alineadas con la marca de tiza y la media lengüeta con el borde paralelo a la caída del techo. Clave puntillas para techo de ⅞" cerca del borde, 1" más abajo en el punto de corte entre cada lengüeta. Clave una pieza completa boca abajo junto a la pieza cortada. Complete la hilera y corte la última pieza a ras con el otro lado del borde del techo.

Instale la primera serie completa del techado sobre la hilera inicial con las lengüetas apuntando hacia abajo. Comience en el punto del borde lateral. Coloque la primera pieza dejándola colgar sobre el borde lateral ⅜" y ½" sobre el borde frontal. Compruebe que cada pieza queda a ras con el borde de la hilera inicial siguiendo la línea con tiza.

Haga una marca con tiza desde el borde frontal hasta el caballete para crear una línea vertical para alinear el techado. Dibújela en un área sin obstrucciones y lo más cerca posible al centro del techo. La línea debe pasar por el centro del corte de una lengüeta o por el borde de la pieza de la primera fila instalada. Use la escuadra de carpintero para crear una línea perpendicular al borde frontal.

(continúa)

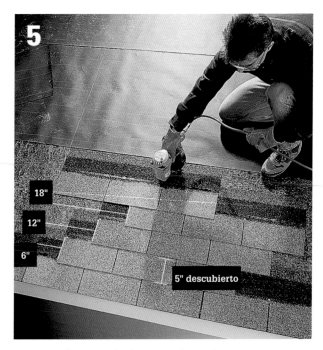

Utilice la línea vertical como referencia para establecer la pauta con los cortes que quedan salidos 6" en hileras sucesivas. Incruste una pieza 6" a un lado de la línea vertical, 5" por encima del borde inferior de la primera hilera para así comenzar la segunda. Introduzca las tejas para la tercera y cuarta hilera, 12" y 18" desde la línea vertical. Coloque la quinta hilera contra la línea.

Coloque el techado desde la segunda hasta la quinta hilera trabajando hacia arriba desde la segunda y manteniendo en forma consistente 5" al descubierto. Coloque piezas en hileras inferiores debajo de las hileras superiores que hayan quedado parcialmente clavadas, y luego clávelas todas. *Consejo: Instale los gatos de techo, si es necesario, después de llenar la quinta hilera.*

Revise el alineamiento de las piezas después de terminar cada cuarta hilera. Mida en el papel desde el borde del techado hasta la línea más cercana en varios puntos de la última hilera instalada. Si hay algo mal alineado, haga correcciones pequeñas en las próximas hileras hasta corregir el error.

Cuando encuentre obstrucciones, como buhardillas, instale una hilera completa de techado sobre ellas para mantener la pauta de piezas ya establecida. En la parte no cubierta de la obstrucción, haga otra línea vertical de referencia usando el techado sobre la obstrucción como guía.

Instale el techado sobre la obstrucción comenzando desde los bordes descubiertos, yendo hacia arriba, y usando la línea vertical como referencia para re-establecer el patrón creado. Llene las hileras de techado sobreponiendo los bordes laterales del techo y luego corte el exceso de material.

Corte el exceso de material sobre la 'V' en la unión de las secciones del techo usando una navaja y una regla. No corte la lámina contra la humedad. Los bordes se irán a emparejar un poco más cuando ambos techos queden completamente cubiertos con las tejas.

Instale el techado en los techos adyacentes, comenzando desde el borde de abajo y usando el mismo patrón mostrado en los pasos 1 a 6. Coloque el techado hasta que las hileras sobrepongan el centro de la lámina contra la humedad que separa las secciones. Empareje el techado a ambos lados de la lámina cuando haya terminado.

Instale el techado alrededor de los conductos de ventilación para que la lámina contra la humedad descanse al menos en una hilera de tejas. Cubra todo borde inferior de la lámina con una capa doble de pegamento.

(continúa)

Coloque la lámina sobre el conducto de ventilación.
Coloque la pieza dejando la parte más ancha del cuello en la dirección del declive del techo y ese lado por encima del techado. Clave el perímetro de la lámina usando puntillas con arandelas de caucho.

Corte las piezas de techado para acomodarlas alrededor del cuello de la lámina. Deben quedar planas sobre los lados de la misma. No clave puntillas sobre la lámina. En su lugar, aplique adhesivo para techos por debajo de las piezas que quedan por encima de la lámina.

Cubra con piezas de techado el elemento que requiere de lámina contra la humedad. La parte superior del área no debe ser más de 5". Instale la lámina de base usando la antigua como guía. Doble una pieza de lámina por la mitad y colóquela al lado de la esquina inferior del elemento. Marque una línea de corte sobre la lámina, siguiendo el borde vertical del elemento. Corte la lámina al tamaño indicado.

Levante con una barra la parte inferior de la fachada o molde en la base del elemento. Coloque cuñas para separar la pieza del área de trabajo. Aplique pegamento para techo sobre la base de la lámina en el lugar donde se unirá con el sobrepuesto. Introduzca la pieza de lámina debajo del área separada y asegúrela. Clave la pieza con puntillas (con arandelas de caucho) cerca de la parte superior y al interior de la estructura del techo.

Aplique adhesivo de techo a la parte superior de la primera pieza de lámina donde será cubierta por la siguiente hilera de techado. Instale el techado presionándolo firmemente sobre el pegamento. No clave puntillas en la lámina.

Introduzca otra pieza de lámina debajo de la fachada o molde sobreponiendo la primera pieza por lo menos 2". Coloque la lámina sobre el pegamento aplicado sobre la parte superior del techado. Clave la teja en su lugar sin atravesar la lámina con las puntillas. Instale más lámina a la parte superior del elemento de la misma forma. Corte la última pieza de lámina para emparejarla con la esquina superior del elemento. Reinstale la fachada y el molde.

Lámina incrustada alrededor del elemento

Lámina de base

Coloque el tejado sobre la base de la chimenea. Utilice la lámina antigua como guía para cortar la nueva. Doble la lámina incrustada en el elemento. Aplique pegamento a la base de la chimenea y a las piezas de techado debajo de la base. Presione la lámina de base sobre el pegamento y dóblela alrededor de los bordes de la chimenea. Clave puntillas con arandelas de caucho a través de la pestaña de la lámina al interior de la estructura del techo.

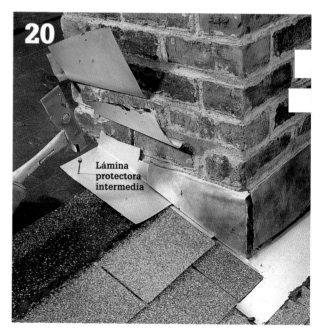

Lámina protectora intermedia

Instale la lámina intermedia y el techado hasta llegar a la altura de la chimenea. Ajuste la lámina contra la chimenea con adhesivo. Vaya doblando hacia abajo la lámina incrustada en la chimenea.

(continúa)

21

Lámina de protección superior

22

Segundo lado sobrepone el caballete

Primer lado emparejado a la altura máxima del techo

Corte e instale la lámina superior de protección (también llamada montura) alrededor de la parte alta de la chimenea. Sobreponga la última pieza de lámina sobre cada lado. Conéctela con pegamento aplicado sobre el techo y chimenea, y con puntillas con arandelas de caucho clavadas sobre la lámina de base al interior del techo. Instale el techado con pegamento más allá de la chimenea (no use puntillas) para cubrir la lámina de base.

Cuando llegue a la altura máxima del techo, instale el primer lado hasta que la parte superior del área descubierta esté al menos a 5" del borde. Empareje el techado a lo largo del mismo. Instale el techado en el otro lado del techo. Sobreponga el caballete no más de 5".

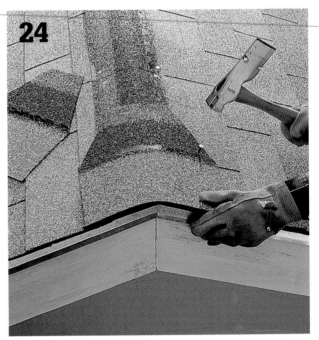

23

24

Corte tres cubiertas de techado de 12" cuadradas de cada pieza de tres lengüetas. Con la cara trasera boca arriba, corte las piezas en las líneas de las lengüetas. Corte las esquinas superiores de cada cuadrado en forma angular, comenzando debajo de la tira de pegamento para evitar traslapos en el área descubierta.

Trace una línea con tiza a 6" por debajo de la punta del caballete en forma paralela al borde. Instale las cubiertas de techado, comenzando en una punta del caballete, alineadas con la línea marcada. Clave dos puntillas para techo de 1¼" por cada cubierta a más o menos 1" del borde (apenas abajo de la tira de pegamento).

Siguiendo la línea marcada, instale las cubiertas hasta la mitad del caballete dejando un espacio descubierto de 5" en cada cubierta. Luego comience desde el otro lado instalando las cubiertas hasta llegar a la mitad. Corte una sección de 5" de ancho del área descubierta de la lengüeta de una pieza de techado y utilícela como pieza final para unir la intersección donde se encuentran las cubiertas.

Cubra las protuberancias creadas por uniones usando una línea de tiza como referencia y las cubiertas del techado. Comience en la parte inferior de cada protuberancia y continúe hasta arriba. En el lugar donde se junta con el caballete, utilice una pieza cortada del centro de una cubierta de techado para cubrir la sección. Ponga la pieza al final del caballete y doble las esquinas para cubrir la protuberancia. Clave cada esquina con puntillas, y cubra las cabezas con pegamento para techo.

Después de instalar toda la cubierta, emparéjela sobre las uniones de las secciones dejando un espacio de 3" en el pico superior y ensanchando la unión ⅛" cada pie progresivamente hasta llegar al punto inferior. Use una navaja y una regla para cortar y tenga cuidado de no cortar la lámina de protección sobre la intersección. Selle los bordes del techado sobre la intersección con pegamento para techo, y cubra las cabezas de las puntillas expuestas con el mismo pegante.

Marque y corte las piezas de techado sobre los bordes laterales del techo. Haga una marca a ⅜" del borde para dejar una banda de sobrepuesto y luego corte las piezas.

Instalación del techado laminado: Versión de pirámide

Algunos fabricantes de techado de asfalto laminado no recomiendan el método de instalación intercalada mostrado en las páginas 76 a 83. Aquí se requiere que el techado se levante en cada hilera de por medio para incrustar el techado adyacente. Debido a que este material es menos flexible, levantarlo o doblarlo puede averiarlo. En lugar de usar este método de trabajar con líneas verticales como referencia (ver la foto 5 en la página 78), puede instalar este tipo de techado en forma diagonal o estilo pirámide. Es una alternativa eficiente que no requiere de marcas verticales o levantar piezas de techado parcialmente instaladas.

El efecto diagonal en pirámide es creado instalando hileras de techados sucesivas con pequeños incrementos en las piezas iniciales. En las piezas mostradas en este ejemplo (39½" de largo), se cortaron una serie de cinco piezas iniciales, cada una 7" más corta que la anterior. Por lo tanto, la longitud de las piezas de techado iniciales fueron 39½", 32½", 25½", 18½" y 11½". En el caso de estilos donde debe mantener un patrón de lengüeta regular, use las piezas iniciales que se incrementan en longitud media lengüeta por hilera.

Comience la instalación haciendo una marca con tiza como guía para la hilera inicial y clavando las piezas en su lugar. Corte y clave las primeras piezas de igual forma que el método intercalado a lo largo de toda el área del borde frontal inferior. Luego clave una pieza inicial de tamaño completo sobre la primera hilera en la esquina donde se juntan ambos bordes (lateral e inferior). Posicione las otras piezas iniciales de las siguientes hileras dejando que cuelguen sobre el borde entre ¾ y 1½". Esto creará un patrón diagonal a lo largo de las puntas expuestas de las piezas iniciales. Colinde y clave dos piezas completas al lado de cada una de las piezas iniciales para extender un poco más el patrón diagonal. Clave un segundo grupo de piezas iniciales sobre el primer grupo a lo largo del borde lateral, y luego agregue una pieza completa al lado de cada una de estas piezas.

Después que los dos grupos iniciales y las piezas adyacentes estén en su lugar, continúe instalando las siguientes nueve hileras de techado a lo largo del techo hasta llegar a la otra punta. Trabaje de abajo hacia arriba a medida que instala las tejas. Cuando haya completado esas hileras, agregue el tercero y cuarto grupo iniciales sobre las hileras ya terminadas y repita el proceso para instalar las siguientes nueve hileras. Trabaje de esta forma hasta llegar al caballete, y luego instale las cubiertas del techado de la forma usual.

Cómo instalar el techado con el método de pirámide

1

Corte las tiras iniciales de unas 6" de ancho y clávelas en fila sobre el borde inferior sobreponiéndolas apenas un poco sobre la canal del mismo.

2

Corte un grupo de piezas iniciales que vayan acortándose en longitud (ver la descripción arriba). Para esta pieza arquitectónica de 39½" de largo, se crearon otras piezas iniciales de estos tamaños: 32½", 25½", 18½", y 11½". Siempre coloque una base de cartón debajo de las piezas de techado antes de cortarlas.

Clave la pieza completa de techado del grupo inicial en la esquina del techo y sobreponiendo la primera hilera. Instale las restantes cuatro piezas a partir de esa hilera disminuyendo sus tamaños para crear el diseño diagonal.

Instale dos piezas completas de techado al lado de cada una de las piezas iniciales para iniciar las primeras cinco hileras. Mantenga las puntas descubiertas iguales a medida que avanza.

Adicione el segundo grupo de tejas de inicio sobre el primer grupo, así como lo hizo en el paso tres. Instale una pieza completa junto a cada una de las piezas iniciales. Esto iniciará las siguientes cuatro hileras de techado.

Trabajando desde abajo hacia arriba y en forma horizontal, instale las piezas adicionales para completar las primeras nueve hileras, hasta llegar al otro borde inferior del techo. Corte las puntas para dejarlas sobrepuestas sobre el borde entre ¾ y 1½" (si tiene un borde de metal, las tejas pueden cortarse a ras, pero compruebe las recomendaciones del fabricante). Repita el proceso de cortar e instalar piezas iniciales, y el patrón establecido, hasta que llegue a la altura del caballete. Una vez el lado opuesto del techo esté cubierto con el techado, instale las cubiertas sobre el caballete (ver las páginas 82 y 83).

Conducto de ventilación sobre el caballete

Si necesita instalar un sistema de ventilación en el ático de la vivienda, construir un conducto sobre el caballete es la solución. Debido a que es instalado a lo largo de todo el caballete del techo, suministra un flujo continuo de aire al interior de la estructura. Cuando se combina con conductos instalados en los aleros, se convierte en el mejor sistema de ventilación.

Los conductos son instalados a lo largo del caballete y son prácticamente invisibles, lo cual elimina cualquier interrupción en el techo. Otros tipos de conductos, como los de persiana y turbina, presentan interrupciones visuales al diseño estético del techo.

La instalación de un conducto sobre el caballete es fácil y rápida en comparación con otros sistemas que necesitan ubicarse en varios lugares por todo el techo. También le evita tener que hacer muchos cortes en el techo terminado que pueden afectar el techado adyacente.

Herramientas y materiales ▶

Martillo	Barra plana
Sierra circular	de palanca
Cinta métrica	Puntillas para
Cuerda de tiza	techos de 1½"

Los conductos de sistema continuo trabajan en unión con los instalados en los aleros para crear flujo de aire al interior del techo. El sistema es instalado sobre el caballete y cubierto con cubiertas de techado. Es a su vez el sistema de ventilación menos notorio disponible.

Cómo instalar un conducto de ventilación sobre el caballete

Remueva la cubierta del caballete usando una barra plana de palanca. Mida el ancho de la abertura recomendada por el fabricante desde el pico superior del caballete. Marque cada lado del techo y trace una línea con una cuerda de tiza a lo largo de las marcas. Repita el proceso al otro lado del techo. Remueva todas las puntillas que encuentre.

Cuadre el disco de la sierra circular para hacer el corte de las piezas de techado sin afectar las vigas interiores. Haga el corte a lo largo de la línea a una distancia de 12" de la punta del tejado. Remueva las partes cortadas con una barra de palanca.

Mida la distancia de la mitad del ancho del material de conducto a partir de la punta del techo, y haga una marca en cada lado del techo. Trace una línea con tiza a lo largo de las marcas. Hágalo en ambos lados del techo.

Centre el material de conducto sobre el caballete. Manténgalo sobre las líneas marcadas. Clávelo con puntillas para techo suficientemente largas para penetrar el techado. *Consejo: Si hay una chimenea a través del caballete, deje 12" de tejado alrededor de la chimenea.*

Una las secciones de material de conducto clavando las puntas con puntillas. Instale el material sobre todo el caballete del techo, incluyendo las secciones de 12" en cada punta que no fueron cortadas.

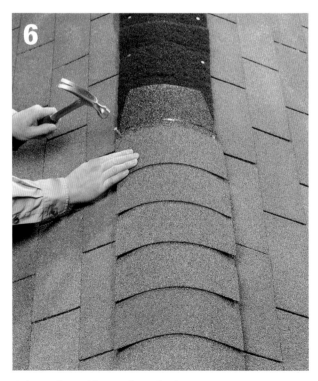

Coloque las cubiertas de techado sobre el material de conducto. Clávelas cada una con dos puntillas de 1½". Sobreponga las cubiertas como en un caballete normal. Si las cubiertas que removió en el paso 1 están en buen estado, puede reusarlas. De lo contrario, use unas nuevas.

Instalar nuevas tejas sobre un techado viejo

Instalar un techado sobre un techo ya construido le ahorra tiempo, trabajo, y el costo de desbaratar la cubierta del techo viejo. Sin duda este tipo de instalación tiene su atractivo, pero todavía hay que hacer una preparación preliminar. Haga las reparaciones necesarias sobre el techo antes de aplicar nuevo techado. Reemplace las tejas caídas y clave todas las sueltas. Clave todas las puntillas salidas para que no causen daño a las nuevas piezas del techado.

Para colocar un nuevo tejado sobre el existente, no debe tener más de una o dos capas de tejas ya instaladas (dependiendo de los códigos de construcción). Si ya tiene instalado el máximo de capas permitido, tendrá que remover el techado viejo por completo. Para comprobar lo anterior, levante las piezas a lo largo del borde lateral o frontal y cuente el número de capas.

Antes de comenzar el proyecto, lea la sección de cómo instalar las tejas de asfalto en las páginas 76 a 83.

Herramientas y materiales ▸

Tijeras para cortar latón
Escuadra de carpintero
Cuerda de tiza
Barra plana de palanca
Hacha de techado o pistola neumática
    para clavar puntillas
Navaja
Regla
Cinta métrica
Lámina contra la humedad
Techado de asfalto
Pegamento para techado
Puntillas para techos

Instalar un techado sobre uno ya existente no es aceptado en ciertas partes, esencialmente porque no le permite inspeccionar la estructura del techo y su interior. Pero si el techo ya construido está en buena condición, la mayoría de las municipalidades le permitirán agregar una nueva capa de techado (no más que eso) sobre las tejas ya existentes.

Cómo instalar nuevas tejas sobre un techado viejo

Corte las lengüetas de las piezas de techado. Instale la parte restante sobre el área descubierta de la primera fila del techado ya construido para crear una superficie plana e iniciar la primera hilera de nuevas tejas. Use puntillas para techado lo suficientemente largas para penetrar la estructura del techo por lo menos ¾".

Empareje la parte superior de las piezas de la primera hilera. Las piezas deben ser cortadas para colocarlas contra el borde inferior de la tercera hilera, y sobresaliendo el borde frontal del techo ½". Instale las piezas sin dejar que las lengüetas nuevas queden alineadas con las antiguas.

Usando las tejas viejas como guía, comience a instalar las nuevas. Mantenga la consistencia intercalada de las lengüetas y cortes de las piezas si está instalando un techado de tres lengüetas. Continúe hasta llegar al caballete del techo y deténgase antes de la última hilera. Instale las láminas contra humedad a medida que las necesite.

Las láminas son instaladas con la misma técnica y materiales como sobre el papel de fieltro, pero ahora debe instalar piezas alrededor de los conductos de ventilación para crear una superficie plana de base para las láminas. *Consejo: La lámina en buena condición entre las intersecciones de las secciones del techo no necesita ser reemplazada. Cambie cualquier otra lámina vieja.*

Desprenda las piezas viejas de la cubierta del caballete antes de instalar techado en esas áreas. Instale nuevas cubiertas después de acabar con el techado.

Techado de tablillas de cedro

Tanto las tablillas de cedro (shakes), que son gruesas y ásperas, como las tablillas (shingles), que son acuñadas y de suave textura, se instalan de la misma forma, excepto por una importante diferencia. Las primeras tienen papel de fieltro colocado entre cada hilera, y las segundas no lo tienen. Las tablillas de suave textura a menudo se instalan sobre un revestimiento de techo abierto, y las ásperas pueden instalarse tanto sobre una superficie abierta o sólida. La circulación del aire debajo de las tablillas puede incrementar su durabilidad. Consulte los códigos de su región para determinar qué tipo de tablilla es más recomendable en su caso.

Las distancias entre ambos tipos de tablillas (llamadas uniones), son especificadas por el fabricante. Puede determinar qué cantidad de material quiere dejar expuesto debajo de la parte sobrepuesta en la medida que cumpla con las instrucciones del fabricante.

Herramientas y materiales ▶

Hacha de techado
Cinta métrica
Navaja
Grapadora
Cuerda de tiza
Sierra circular
Sierra de vaivén
Pistola para silicona
Tablillas
Puntillas
Papel de fieltro 30#

Láminas de protección contra la humedad
Cuerda de medición
Adhesivo para techo

El patrón irregular de un techo de tablillas y el tono natural del color produce un efecto más agradable que el logrado con tejas de asfalto. En la actualidad, las tablillas pueden ser fabricadas de cedro, acero u otros materiales sintéticos. La instalación varía dependiendo del tipo de material.

Tablillas de madera de cedro suaves y ásperas

Las tablillas de cedro están disponibles en diferentes texturas. Algunas de las más populares incluyen las doble aserradas (A), tablilla mediana cortada a mano No. 1 (B), de graduación estándar (C), cortada en forma de cuña (D), tablilla pesada No. 1 (E), la mediana tratada a presión (F), tablilla No. 2 (G), de recorrido interno (H) y la tablilla No. 1 (I).

Revestimientos de base para las tablillas

El revestimiento esparcido es común, y a veces requerido, para diferentes tipos de tablillas de cedro. El revestimiento sólido es instalado a lo largo de los bordes inferiores y laterales. Las tiras de madera en espacios abiertos son instaladas sobre la base para permitir la circulación del aire.

Para instalar separadores de tiras sobre un revestimiento sólido, coloque maderos de 2 × 4 acostados sobre cada viga y clávelos contra el techo. Clave tiras de 1 × 4 ó 1 × 6 sobre los maderos de 2 × 4. Mantenga las tiras juntas sobre los bordes, luego sepárelos a distancias iguales a la establecida sobre la superficie.

Cómo instalar tablillas de cedro

Prepare la superficie del techo instalando la lámina contra la humedad en todas las uniones de secciones (ver la página 75). Instale papel de fieltro sobre las primeras 36" a partir del borde inferior del techo. *Nota: Dependiendo del clima y de los códigos de construcción de su localidad, quizás deba instalar papel protector contra el agua o hielo en lugar del papel de fieltro.*

Instale la tablilla inicial dejándola que sobreponga los bordes inferior y lateral 1½". Haga lo mismo sobre el lado opuesto del techo. Haga una línea de marca entre los bordes inferiores de ambas tablillas. Instale el resto de las tablillas en la hilera inicial a lo largo de la línea de marca. Mantenga la distancia entre tablillas según lo indicado por el fabricante (por lo general entre ⅜ y ⅝").

Instale la primera hilera de tablillas sobre la fila inicial alineándolas contra los bordes inferiores. Debe sobreponer las uniones entre tablillas por lo menos 1½". Clávelas con dos puntillas entre ¾ y 1" de los bordes, y 1½ y 2" por encima de la línea expuesta. Use el hacha de techo para cortar las tablillas a la medida. *Consejo: Establezca la distancia del radio de exposición en el hacha de techo, y utilícela como referencia para medir el lado expuesto.*

Trace una marca con tiza sobre la primera hilera de tablillas en la línea de exposición. Trace una segunda marca a una distancia que sea el doble de la línea de exposición. Clave con grapas una tira de papel de fieltro de 18" de ancho sobre la segunda marca. Sobreponga las uniones verticales del papel 4". Instale la segunda hilera de tablillas sobre la línea de exposición. Sobreponga las uniones por lo menos 1½". Instale el resto de la hilera de la misma forma.

Coloque las tablillas a lo largo de las intersecciones, pero no las clave. Sostenga un madero de 1 × 4 contra el centro de la lámina de intersección sin clavarlo. Colóquelo sobre las tablillas para marcar el ángulo de corte. Corte las tablillas con una sierra circular y luego instálelas.

Utilice el madero de 1 × 4 para alinear el borde de las tablillas sobre la intersección. Mantenga el madero recostado contra el centro de la lámina y coloque el borde de la tablilla contra el borde del madero. No clave puntillas sobre la lámina cuando instale las tablillas.

Corte muescas en las tablillas con una sierra de vaivén para acomodarlas contra las salientes de plomería, luego instale una hilera de tablillas debajo de la saliente. Aplique pegamento para techo debajo de la lámina, luego colóquela sobre la saliente y las tablillas. Clave la lámina a lo largo del borde.

Sobreponga la lámina expuesta con la siguiente hilera de tablillas. Corte muescas en las tablillas para acomodarlas alrededor de las salientes, manteniendo 1" de espacio entre la saliente y la tablilla.

(continúa)

9

Instale tablillas debajo del borde de la lámina de la claraboya. Córtelas si es necesario. Clávelas sin atravesar la lámina con puntillas. Aplique pegamento debajo de la lámina y luego presione las tablillas.

10

Lámina

Entreteja la lámina de la claraboya alrededor de la misma con hileras de tablillas. Después de colocar cada hilera, instale una pieza de lámina con el borde vertical colocado debajo del borde de la claraboya, y el borde horizontal a ras con el borde inferior de la tablilla. La hilera de tablillas cubre el entretejido superior de la lámina.

11

Instale tablillas debajo de la pestaña de la lámina de protección contra la humedad de la claraboya. Córtelas si es necesario. Clávelas sin atravesar la lámina con puntillas. Aplique pegamento debajo de la lámina y luego presione las tablillas.

12

A medida que se acerca al caballete, mida desde la última hilera instalada hasta el pico en ambos lados del techo. Si las medidas no son iguales, ajústelas sobre el espacio descubierto en las siguientes hileras hasta que queden iguales. Mida los puntos en la misma guía sobre el caballete. La punta del techo posiblemente no está a nivel a lo largo de todo el caballete y no puede ser usada como punto de referencia.

Instale tablillas más allá del pico del techo. Marque una línea sobre las tablillas a lo largo del caballete y gradúe el disco de la sierra al espesor de las tablillas. Haga el corte siguiendo la línea.

Corte tiras de papel de fieltro de 8" de ancho y clávelas con grapas sobre la cumbre del techo. Instale una cubierta prefabricada en una de las puntas del techo alineada con el caballete. Haga lo mismo en la otra punta del techo y trace una línea con una cuerda de tiza entre los bordes de ambas cubiertas.

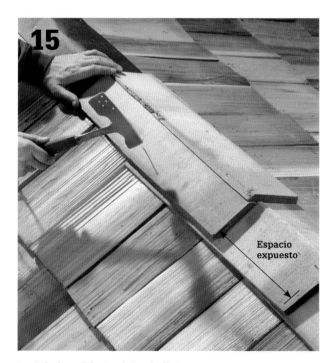

Espacio expuesto

Instale la cubierta del caballete a lo largo de la línea marcada en el borde del techo para usarla como guía. Clávela con dos puntillas. Instale una cubierta encima de la pieza inicial. Coloque el resto de cubiertas sobre el caballete sobreponiéndolas en forma alternada. El espacio expuesto debe ser igual al de las tablillas en el resto del techo. Las puntillas deben penetrar el techo ½".

Variación: Si las cubiertas del caballete no son prefabricadas, instale la primera a lo largo de la línea marcada, luego coloque la segunda cubierta sobre el borde de la primera. Alterne el patrón sobrepuesto a lo largo del caballete.

Rollo de techado

El rollo de techado es fácil y rápido de instalar. El material simplemente se desenrolla a lo largo del techo, se clava sobre los bordes y se sella con pegamento para techo. Es diseñado para techos con poco declive como los construidos sobre entradas y garajes.

Algunos fabricantes recomiendan instalar una capa de base para el techo antes de instalar los rollos. Siga siempre en detalle las instrucciones del fabricante. El techo también debe estar limpio por completo antes de aplicar este material. Cualquier mugre, así sea una rama pequeña o una hoja de árbol, puede aparecer sobre la superficie del techo.

Almacene los rollos en un lugar seco y templado, y escoja un día similar para su instalación. Las mejores temperaturas son por arriba de los 45° F. Si se aplica en temperaturas más frías, el material se puede rajar.

Las siguientes páginas mostrarán los tres métodos de instalación del material. El método de adherencia del perímetro (ver la páginas 97 a 98), es el más rápido y puede ser usado en techos inclinados. El método de puntillas ocultas, en la página 99, es el mejor para techos con poco declive en techos de 1" de inclinación por cada 12" de longitud porque previene que entre el agua debajo de la cabeza de las puntillas. El método de doble cubierta, también mostrado en la página 99, es usado en techos que son casi totalmente planos. La doble cubierta, utilizando completamente pegado, ofrece una mejor protección contra filtraciones de agua.

Herramientas y materiales ▸

Navaja	Rollo de techado
Cinta métrica	Puntillas para techo
Cuerda de tiza	galvanizadas
Llana dentada	Adhesivo para
Regla	techado con base
Martillo	de asfalto

El rollo de techado es usado sobre techos con muy poco declive. El material se desenrolla sobre la cubierta del techo completamente limpia, y su instalación es fácil y rápida.

Cómo instalar rollo de techado (adherencia del perímetro)

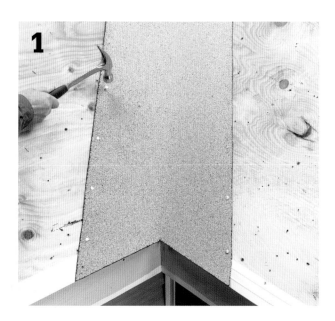

Clave canales a lo largo de todos los bordes (ver las páginas 72 y 73). Limpie la superficie del techo por completo. Centre una tira de rollo de techado de 18" de ancho sobre la intersección de los techos. Clave un lado ¾" del borde, cada 6". Presione con firmeza el rollo sobre la intersección y luego clave el otro lado. Instale una tira de 36" sobre la anterior de la misma forma.

Trace una línea con la cuerda de tiza a 35½" del borde frontal. Desenrolle el material a lo largo de la marca dejando que se sobreponga sobre los bordes ½". Clávelo cada 3" a lo largo de los bordes y a ¾" del borde del techo. Las puntillas deben ser lo suficientemente largas para penetrar el techo por lo menos ¾".

Si es necesario más de un rollo para completar la sección, aplique pegamento de techo sobre el borde de la pieza instalada usando un palustre. Coloque la nueva pieza a 6" sobre la primera. Presiónelas juntas y clávela cada 3" sobre el borde final. *Consejo: Compruebe que la pieza esté derecha antes de clavarla. Después de clavarla, no podrá enderezarla sin crear arrugas o doblajes. Si está torcida, córtela e instale una nueva tira.*

Aplique 2" de adhesivo para techo sobre el borde superior de la pieza instalada. Instale la segunda pieza a lo largo de la línea marcada y sobre el borde del pegamento. Clávela cada 3" sobre los bordes y el pegamento a ¾" de los mismos. Repita la acción con las tiras restantes y sobreponiéndolas por lo menos 18".

(continúa)

5

Corte el material de techado a 1" del centro de la intersección usando una navaja y una regla. Tenga cuidado de no cortar las piezas instaladas por debajo. Aplique una capa de pegamento de 6" de ancho sobre esa área y sobreponga la pieza. Coloque el material sobre el pegamento. Clávelo cada 3" de distancia a lo largo de la unión.

6

Instale el material de techado en frente de los conductos de ventilación. Corte una pieza cuadrada con un hueco en el centro para colocarla sobre el conducto. Aplique adhesivo en los bordes de la pieza y colóquela al interior del conducto. Cúbrala con la siguiente capa de material haciendo cortes alrededor del conducto si es necesario.

7

Corte el material a ras con el caballete del techo. Marque una línea a cada lado del techo a 5½" de la cima. Aplique 2" de adhesivo al interior de cada línea. Coloque la tira del material de 12" de ancho sobre el caballete a ras con las líneas marcadas. Clávela con puntillas sobre las uniones cada 3", y a ¾" de los bordes. *Consejo: Utilice pequeñas cantidades de adhesivo. Si lo aplica en exceso, puede brotarse del techo.*

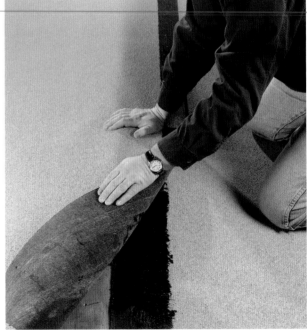

Variación: En lugar de instalar una tira sobre el caballete, extienda la capa de material de un lado 6" más allá del pico del techo para sobreponer el lado opuesto. Clávelo a lo largo del borde para asegurarlo contra la estructura del techo. Haga lo mismo en el otro lado sobrepasando el caballete. Péguelo y clávelo en su lugar.

Cómo instalar rollo de techado (puntillas ocultas)

Corte tiras del material de 9" de ancho. Clávela en su lugar a lo largo de los bordes. Trace una línea con una cuerda de tiza a 35½" del borde inferior. Instale la primera hilera del material a ras con la línea.

Clave el material sólo a lo largo del borde superior cada 4" y a ¾" del borde. Enrolle de nuevo los bordes laterales y el inferior. Aplique pegamento sobre 2" de la parte de afuera de las tiras instaladas en el paso 1. Coloque de nuevo la pieza en su lugar presionando los bordes firmemente sobre las uniones.

Coloque la siguiente tira sobreponiendo la anterior 4". Clave el borde superior. Enrolle de nuevo los bordes laterales e inferior. Aplique pegamento y luego presiónelo con fuerza para que se peguen. Repita el proceso sobre el resto del techo.

Cómo instalar rollo de techado (doble cubierta)

Corte y descarte la parte granular del material para crear la tira de inicio. Alinee la tira con los bordes inferiores y clávela sobre los bordes superior e inferior cada 12" de distancia. Instale la primera hilera por completo a ras con los bordes. Clave los bordes no granulados cada 12" de distancia. Enrolle de nuevo el material y aplique pegamento sobre los bordes laterales e inferior sobre las tiras de inicio. Desenrolle el material otra vez en su lugar y presiónelo contra el adhesivo.

Alinee el borde inferior de la segunda hilera con parte superior granulada de la primera hilera. Clávela cada 12" a lo largo de los bordes sin granular. Voltee la parte inferior, y aplique el pegamento sobre los lados y la parte inferior del área sin granular de la primera hilera. Coloque la tira de nuevo en su lugar. Instale las hileras restantes de la misma forma.

Techado de caucho EPDM

Aún en los techos que tienen mínimo declive, quizás los rollos de techado no ofrecen suficiente protección contra las filtraciones de agua. En estos casos, el material de techado de caucho (EPDM), puede ser una buena, o única, opción. El material es fácil de instalar usando apenas herramientas básicas. A diferencia de otros materiales similares que deben ser aplicados con antorchas, el sistema EPDM se adhiere con pegamento en líquido. Viene en rollos de 10 × 20 ó 20 × 100 pies para instalarlo con un mínimo de uniones.

La instalación requiere de remover por completo el material del techado anterior, incluyendo las láminas de protección contra la humedad alrededor de los conductos de ventilación u otras protuberancias existentes, hasta dejar sólo la base del techo. Compruebe que el material del techo esté en buenas condiciones, seco y limpio. Es posible cubrir el techo con una capa de contrachapado de fibra de cartón de alta densidad, o un compuesto aislante de isocyanurate, para crear una nueva superficie plana si la anterior no lo es o muestra señales menores de deterioro. Evite usar productos aislantes con una capa a prueba de agua porque el pegamento no penetrará correctamente dentro del aislante.

Una vez haya preparado el techo, instale las tiras de la membrana sobreponiendo los bordes y a sí mismas 3". Haga los cortes necesarios sobre las protuberancias y deje que las tiras descansen en forma plana sobre la superficie. Si el techo está unido a una pared alta, la membrana debe extenderse sobre la misma 12" para poder adherirla a la pared y luego sellarla con una barra de metal de acabado.

Para adherir la membrana al techo se requiere de un pegamento o adhesivo líquido aplicado sobre el techo mientras la membrana está enrollada. Después de dejar que el pegamento se seque un poco, desenrolle la membrana sobre la superficie y presiónela en forma pareja para remover cualquier acumulación de burbujas de aire. Después de instalarse, selle las uniones con tiras de cinta delgada y base líquida aplanándolas por completo.

Termine la instalación cortando los excesos de la membrana en los bordes. Luego coloque las cubiertas de caucho de protección apropiadas, y por último agregue las barras de acabado requeridas.

No olvide seguir las instrucciones del fabricante con cuidado, en especial si difieren con el proceso paso a paso que aquí se presenta.

Herramientas y materiales ▸

Cinta métrica / Navaja
Rodillo para pintura
Escoba de cerdas duras
Rodillo 'J', o rodillo para
  sellar uniones
Membrana EPDM
Cinta para
  sellar uniones

Líquido adhesivo
Sellador de base
Adhesivo de contacto
Barras de metal de
  acabado (si son
  necesarias)
Tornillos para exteriores

El techado de caucho EPDM ofrece la mejor protección contra las goteras en techos de poco declive, y es fácil y rápido de instalar. La mayoría de los depósitos de materiales para construcción ofrecen el material en tiras de tamaño estándar de 10 × 20 pies por un valor menor a US$100. Otros almacenes pueden ofrecer tiras de 10 pies de ancho de rollos más largos y vendidos en pies lineales. En lo posible compre tiras lo suficientemente largas para cubrir el techo por completo. Esto disminuye en gran parte la posibilidad de goteras porque elimina las uniones y la necesidad de sellarlas sobre la cubierta.

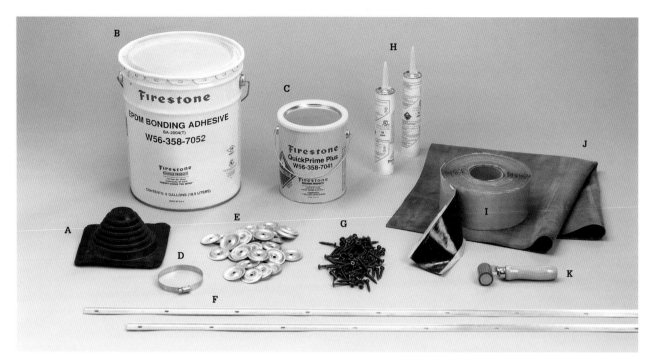

Las cubiertas de caucho para techos requieren de pegamentos, bases, y accesorios contra la humedad como las piezas de caucho protectoras para los conductos de ventilación. Aquí se muestran: protectores para las tuberías (A), pegamento y base para el material EPDM (B, C), abrazadera para tubo (D), placas aislantes (E), barras de metal de acabado (F), tornillos para exteriores (G), silicona (H), cinta para uniones (I), membrana EPDM (J), y rodillo 'J' (K).

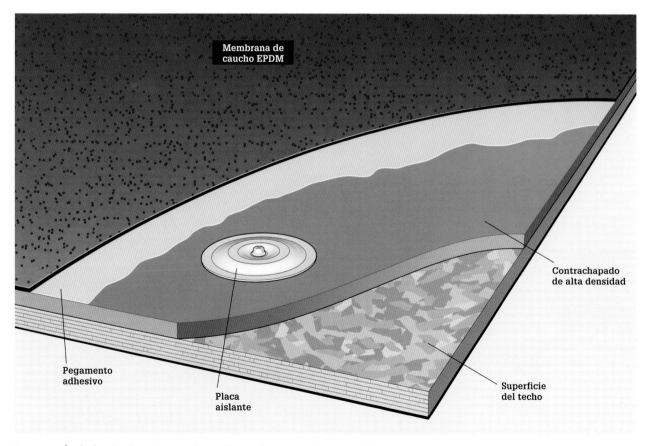

La mayoría de los techos de caucho están pegados por completo a un tablero aislante, pero pueden ser pegados directamente sobre el contrachapado de la base del techo, o instalados al perímetro de la superficie solamente. En algunas aplicaciones comerciales se instalan con una capa de roca de río por encima para mejores resultados.

Cómo instalar la membrana de caucho para el techo EPDM

Prepare la superficie del techo para instalar la membrana quitando todos los materiales viejos hasta dejar la base del techo descubierta por completo. Busque cualquier señal de deterioro y reemplace esas partes. Cubra el techo con una nueva capa de contrachapado de alta densidad (vendido en depósitos para materiales de construcción). Asegúrelo con los accesorios recomendados por el fabricante (por lo general tornillos largos con placas aislantes).

Barra el techo por completo, y despliegue la membrana para que descanse sobre la superficie. Haga todos los cortes y muescas necesarias para acomodar todos los tubos de ventilación u otras protuberancias. Sobreponga las tiras 3" y límpielas con los aditivos recomendados para preparar la superficie para el pegamento.

Aplique el adhesivo de látex. Enrolle la mitad de la primera membrana sobre sí misma para exponer la base del techo. Utilice un rodillo de calibre mediano para aplicar el pegamento sobre la superficie del techo y la membrana. No aplique el pegamento sobre la sección de la membrana que se sobrepone. Una vez el adhesivo empieza a secarse (más o menos en 20 minutos en condiciones normales), desenrolle con cuidado la membrana en su lugar. Evite crear arrugas sobre el material.

Utilice una escoba con cerdas duras para sacar las burbujas de aire que aparezcan debajo de la membrana. Barra desde el centro de la membrana hacia los bordes. Enrolle la otra mitad y aplique pegamento sobre el techo y la membrana otra vez, y adhiera esa mitad contra el techo. Instale todas las secciones de membrana contra el techo de esta forma, pero no aplique adhesivo sobre 3" de los bordes de la membrana que se sobreponen. Deben quedar despegados para sellarlos luego con cinta especial a lo largo de las uniones.

Enrolle la sección superior de la membrana que sobrepone el área de unión y marque una línea de referencia a 3" de distancia de la membrana inferior. Esto marcará el área para aplicar la cinta de unión.

Cubra las uniones con la cinta. Use los aditivos recomendados para limpiar ambas mitades de la membrana que se sobreponen, luego coloque el lado pegajoso de la cinta boca abajo sobre la membrana inferior del área demarcada. Presione la cinta con fuerza para asegurar un pegado uniforme.

Coloque la membrana superior sobre la cinta. Despegue con cuidado el papel protector de la cinta ahora con los bordes de la membrana sobreponiéndola. Presione los bordes de las uniones para crear un pegado uniforme y suave. Utilice un rodillo 'J' para pasarlo sobre el área para pegar la unión.

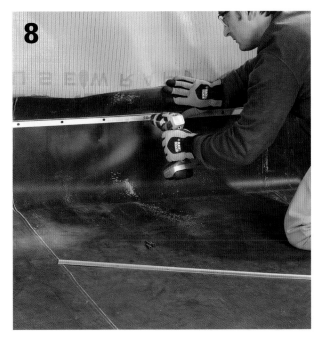

Si el techo termina junto a una pared vertical, quizás deba remover parte de la fachada para pegar la membrana contra la base de la pared. Use pegamento para adherir el material a una altura de 12" sobre la pared. Selle el borde con una barra de metal de acabado ajustándola a la pared con tornillos para uso exterior. Corte el exceso de membrana en el borde y protéjalo contra la humedad según las indicaciones del fabricante usando adhesivo de caucho para la lámina. Lleve puesto botas protectoras.

Techado de tejas de arcilla

Las tejas modernas de arcilla utilizan un diseño de estilo 'S', en lugar del sistema de dos piezas que era común en el pasado. Esto simplifica la instalación y le ahorra tiempo y dinero. Debido a la curvatura de las tejas, necesitará ventiladores para la plomería y conductos de aire que empaten la forma de los materiales del techo.

Antes de iniciar el proyecto, compruebe que la estructura del techo puede soportar el peso de las tejas. El material es muy pesado, y los techos diseñados para soportar techados de asfalto, quizás no tengan la estructura necesaria para sostener las tejas de arcilla. Confirme con su inspector de construcción.

Herramientas y materiales ▸

Martillo / Llana	Arena
Cinta métrica	Cemento Portland
Cuerda de tiza	Cemento plástico
Sierra circular	Cemento tipo M
Sierra de vaivén	Tejas de arcilla
Disco de diamante	Protectores
Pistola para silicona	contra pájaros
Papel de fieltro 30#	Conductos para
Papel protector contra	plomería
el agua o hielo	Conductos de aire
Maderos de base	Pegamento para techos
(2 × 6, 2 × 3, 2 × 2)	Lámina autoadhesiva
Puntillas para	contra la humedad
techos (¾")	

Consejos para la instalación ▸

Utilice un disco de diamante en una sierra circular o fresadora para cortar las tejas. Sujete la teja contra una superficie de trabajo, trace el corte hágalo sobre la línea trazada. Siempre al hacer los cortes lleve puestas gafas protectoras y máscara para respirar.

Puede conseguir el cemento ya mezclado o hacerlo usted mismo. Este proyecto requiere de cemento tipo M. Combine tres partes de cemento Portland, una parte de cal y 12 partes de arena. Adicione agua a la mezcla hasta lograr una consistencia firme.

Las tejas de arcilla ofrecen un fabuloso acabado al techo que no puede ser imitado por otro material. El diseño tipo 'S' facilita y ahorra tiempo en la instalación. Cada teja simplemente sobrepone la pieza anterior (ver abajo).

Cómo instalar un techado con tejas de arcilla

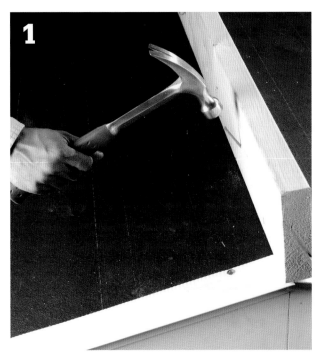

Cubra el techo con el papel de fieltro (ver las páginas 70 a 71). Instale las canales de borde (ver las páginas 72 a 73), y la lámina sobre las intersecciones (ver la página 75). Clave un madero de 2 × 6 en el borde sobre el caballete y protuberancias.

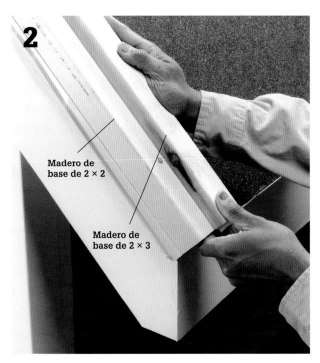

Instale maderos de base de 2 × 2 a lo largo de los bordes laterales del techo. Coloque un madero de 2 × 3 junto al de 2 × 2 y clávelos en ese lugar.

Midiendo a partir del borde externo del madero de base de 2 × 3 a lo largo del borde izquierdo, haga marcas sobre el techo cada 12". Centre y clave un protector contra pájaros sobre cada marca alineada con el borde frontal del techo. *Nota: Los protectores se consiguen a través del fabricante, o puede hacerlos de madera.*

Coloque la teja hastial sobre el madero de 2 × 2 a lo largo del borde lateral del techo, colgando el frente del mismo 3". Clave cada pieza con dos puntillas de ¾". Sobreponga las tejas 3". *Nota: Utilice tejas para borde izquierdo en ese lado del techo, y para borde derecho para el otro lado.*

(continúa)

Comience en el lado izquierdo del techo. Coloque la primera teja de superficie sobre la hastial y el madero de base de 2 × 3. Alinee los bordes de ambas tejas. Clávela con dos puntillas. Instale la primera hilera de esa forma colocándolas sobre los protectores contra pájaros. *Consejo: Para mantener las tejas alineadas, amarre una cuerda a lo largo del final de la primera teja hastial. Instale las tejas a ras con la cuerda. Mueva la cuerda para instalar las hileras siguientes.*

Instale la siguiente hilera de tejas sobreponiendo la primera 3". Instale las demás hileras de la misma forma. Evite pararse o caminar sobre las tejas porque se parten con facilidad. Cuando no pueda alcanzar más tejas desde abajo, comience a trabajar desde una altura superior en el techo. Trabaje alrededor de obstáculos como lo muestra las fotos restantes.

Instale láminas de canal al lado de buhardillas, chimeneas y paredes al menos 4" sobre la estructura vertical, y 6" sobre la superficie del techo. Voltee hacia arriba 1½" el borde externo de la lámina. Nota: El borde superior de la lámina de contorno debe ser instalada debajo del borde de la fachada de la pared, o al interior del cemento entre los ladrillos de la chimenea. La lámina antigua todavía puede estar presente.

Instale un madero de base de 2 × 3 a lo largo del borde doblado hacia arriba de la lámina de protección. Coloque la teja sobre el madero y clávela en forma apropiada.

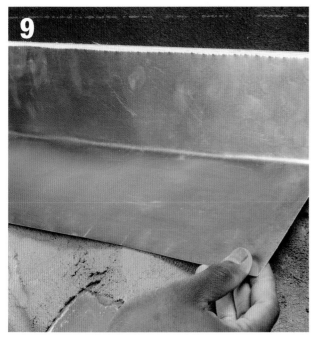

Cuando el techo se junta con la pared de la vivienda, instale tejas hasta el techo de la pared. Aplique suficiente mezcla de cemento entre la punta de las tejas y la pared llenando todos los espacios. Coloque una lámina de 3 × 4 sobre la mezcla, y luego coloque lámina de contorno sobre la misma.

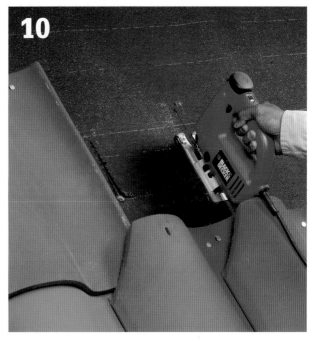

Marque el sitio de los conductos de ventilación entre las hileras de tejas y entre vigas. Siga las recomendaciones del fabricante en cuanto al tamaño de los huecos. Ábralos con una sierra circular o de vaivén. *Consejo: De vez en cuando revise el techo desde la calle para comprobar que las hileras están derechas y las tejas lucen en forma uniforme.*

Aplique pegamento para techo debajo del conducto principal de ventilación, luego instale las tejas sobre la abertura con puntillas clavadas cada 4" a lo largo de la pestaña. Selle la pestaña con lámina autoadhesiva. Coloque un conducto secundario sobre el primario y clávelo sobre el techo. Sobreponga el borde con la siguiente teja.

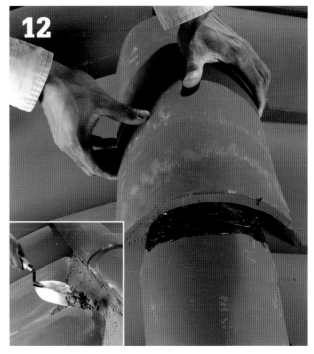

Centre las tejas del caballete sobre las protuberancias y el pico del techo. Aplique una pequeña cantidad de cemento de plástico en la punta de cada teja del caballete. Sobreponga las tejas dejando 16" expuestas colocando cada una sobre el cemento de plástico de la anterior. Clave cada teja de caballete con dos puntillas. Llene los espacios por debajo del caballete con cemento (ver foto anexa).

Instalación de la fachada

No todas las mejoras a la vivienda crean cambios tan favorables como las ofrecidas por una nueva fachada. Esta acción le permite cambiar el color y la textura de la apariencia exterior de las paredes. Si está aburrido con la actual cubierta de aluminio en deterioro, o no puede imaginarse dedicar el próximo verano a raspar y pintar la fachada de madera una vez más, quizás es el momento de pensar en instalar un material de poco mantenimiento como el vinilo o la fibra de cemento. Los productos para fachadas han avanzado en las últimas décadas, y las alternativas de colores y formas nunca habían sido tan extensas como ahora. Para una apariencia acogedora y más rústica, considere instalar una fachada con tablillas de ciprés o tableros de cedro de instalación vertical, y luego acentuar los cimientos con piedra chapada o ladrillo. Cubrir una vivienda con una fachada de vinilo o madera es un proyecto que puede ser llevado a cabo por alguien con capacidades básicas para la construcción, y cuando haya terminado, tanto usted como sus vecinos podrán admirar los resultados durante muchos años por venir.

Si posee una colección de herramientas básicas manuales y eléctricas, ya tiene lo necesario para realizar el trabajo. Lea también las secciones sobre los consejos de seguridad cuando trabaje en alturas. Haga un trabajo meticuloso al envolver la casa con la base y papel requeridos para mantener la humedad alejada de la estructura. Luego, prepárese para un gran proyecto que le dará grandes dividendos al final.

En este capítulo:

- Herramientas y materiales
- Remover la vieja fachada
- Reemplazar la base de la pared
- Material de envoltura
- Fachada de vinilo
- Paneles horizontales
- Tablillas de madera
- Fachadas verticales
- Fachadas de troncos para cabañas

109

Herramientas y materiales

En cuanto a las herramientas adecuadas para realizar proyectos de fachadas de madera, fibra de cemento o vinilo, las básicas para construcción y remodelación son las únicas que necesita. Si no tiene algunas herramientas para cortar, medir o nivelar, vale la pena comprarlas. No son costosas y sin duda las utilizará varias veces en proyectos y en todo tipo de reparaciones caseras.

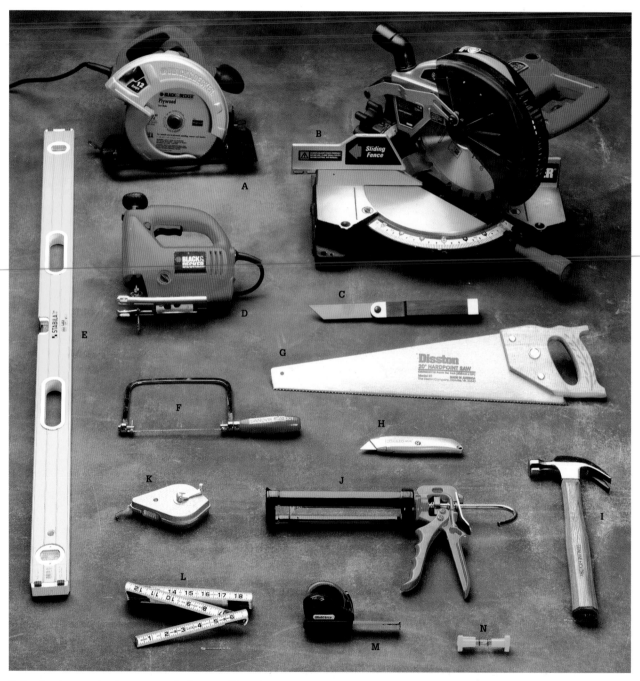

Entre las herramientas para trabajar con fibra de cemento o madera se incluyen: Sierra circular (A), sierra ingletadora (B), falsa escuadra (C), sierra de vaivén (D), nivel (E), sierra de mano (F), serrucho (G), navaja (H), martillo (I), pistola para silicona (J), cuerda de tiza (K), metro plegable (L), cinta métrica (M), y nivelador de cuerda (N).

Entre las herramientas para trabajar con fachada de vinilo se incluyen: Sierra circular (A), alicates para crear aberturas horizontales (B), pistola para silicona (C), escuadra (D), herramienta de agarre (E), navaja (F), martillo (G), tijeras para cortar latón (H), cinta métrica (I), nivel (J), y cuerda de tiza (K).

Entre las siliconas para fachadas se incluyen (de izquierda a derecha): silicona para concreto y cemento, sellador de cemento, con acrílico látex, silicona con acrílico látex, y sellador de látex y acrílico uretano.

Entre las herramientas y materiales para trabajar con fachada se incluyen: papel de envoltura para la casa (A), papel de fieltro (B), puntillas con cubiertas (C), martillo (D), martillo grapadora (E), grapadora y grapas (F).

Remover la vieja fachada

Aún cuando es posible instalar nueva fachada sobre la vieja (considerando que esté sólida y firmemente sujetada a la estructura), en la mayoría de los casos es mejor removerla, en especial si está deteriorada. Remover la vieja fachada le permite iniciar el nuevo trabajo sobre una superficie plana y limpia, y al mantener el espesor de las nuevas piezas igual a las originales, no habrá necesidad de crear extensiones sobre los largueros de las puertas o las ventanas.

No existe una "forma correcta" de quitar la vieja fachada. Cada estilo de fachada es instalado en forma diferente y por lo tanto hay diferentes técnicas para removerla. Sin embargo, hay un par de reglas generales. Comience removiendo los moldes que cubren la fachada e inicie el trabajo de arriba hacia abajo. Por lo general la fachada es instalada de abajo hacia arriba, y quitarla en la dirección contraria hace más fácil la operación. Determine cuál es la mejor forma de quitar la fachada según el tipo de la misma.

Remueva un lado de la casa a la vez, luego reconstrúyala antes de quitar la fachada de la siguiente sección. Esto minimiza la cantidad de tiempo que deja las paredes expuestas a los elementos externos. Procure no averiar la base de la pared. Si no puede evitar remover la envoltura protectora de papel, ésta puede ser reemplazada con facilidad, pero si daña la base, el trabajo se complica.

Mientras que el objetivo principal es remover la fachada vieja lo más rápido posible, también es importante trabajar con seguridad. Tenga cuidado cuando trabaja alrededor de ventanas para evitar romper los vidrios. Proteja las plantas alrededor antes de iniciar el trabajo (ver la página 59).

Alquilar un contenedor para la basura ayudará en la limpieza. Es más fácil depositar los desperdicios directamente en la basura a medida que son removidos, en lugar de acumularlos en el patio de la propiedad para desecharlos más tarde. Cuando haya acabado con la limpieza, use un imán manual para levantar las puntillas del piso.

Herramientas y materiales ▸

Palanca con pata de agarre	Navaja para cortar cemento
Barra plana de palanca	Disco para cortar concreto
Herramienta de agarre	Tijeras para cortar latón
Taladro / Martillo	
Sierra circular / Imán	
Formón para concreto	Pala para el techo

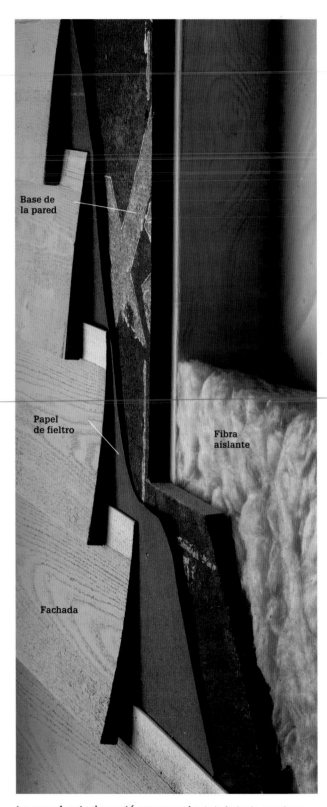

Base de la pared

Papel de fieltro

Fibra aislante

Fachada

La pared exterior está compuesta de la fachada, envoltura de papel o papel de fieltro, y la base de la pared. Trate de remover la fachada sin afectar o dañar la base.

Consejos para remover la fachada

Los moldes vienen pre-instalados a la mayoría de los marcos de puertas y ventanas. Para removerlo, inserte una palanca a lo largo de la parte exterior del marco para evitar hacer daño a las partes expuestas de los largueros y moldes.

Los paneles horizontales se clavan sobre el borde superior y luego son cubiertos por la siguiente hilera. Quite con una barra el molde sobre la parte alta de la pared para exponer las puntillas de la última hilera. Quítelas con una barra de agarre y siga hacia abajo pared.

Las tablillas de madera rústica y suave se remueven con una pala de techo. Use la pala como palanca para quitar las tablillas. Luego, use la pala o un martillo para sacar las puntillas.

Corte de la foto mostrado para mayor claridad

Estuco

Papel para construcción

Base de la pared

Malla de metal

Las fachadas en forma vertical se quitan con una palanca removiéndolas de los tableros de base. Use una barra con pata de agarre para sacar las puntillas.

La fachada de vinilo tiene un canal de amarre colocado sobre la tira de clavado de la hilera inferior. Para quitarlo, use la herramienta de agarre para separar los paneles, y luego la barra plana o un martillo para sacar las puntillas.

La fachada de estuco es difícil de quitar. Por lo general es más fácil colocar la nueva fachada sobre el estuco que removerlo. Si está decidido a removerlo, use un formón para concreto y un martillo para romperlo poco a poco, y luego use las tijeras para latón para cortar la malla de metal.

Reemplazar la base de la pared

Después de remover la vieja fachada, inspeccione la base de las paredes para comprobar que están en buen estado. Si el agua ha penetrado detrás de la base, existe una buena posibilidad que la base esté combada, podrida, o presente otro tipo de daño, y por tal razón debe ser reemplazada. Sólo necesita reparar la sección averiada. Antes de cortar la pared, asegúrese que no hay cables eléctricos o tubería debajo de la base.

Las casas antiguas por lo general tienen placas o contrachapado como base, mientras que las viviendas nuevas pueden tener un material que no hace parte de la estructura como base. El material de reemplazo no necesita ser el mismo que el original, pero debe si debe tener el mismo espesor.

Herramientas y materiales ▸

Martillo
Sierra circular
Cinta métrica
Cuerda de tiza
Barra de palanca
Base de la pared
Madero de 2 × 4
Tornillos para terraza
　(3", 2¼")
Taladro

Cómo reemplazar la base de la pared averiada

1

Marque el sitio de las vigas de la pared alrededor del área averiada. Marque las líneas de corte con una cuerda de tiza asegurándose que queden sobre las vigas (al menos en forma vertical). Esto permite un clavado más apropiado del parche sobre la pared.

2

Corte la base averiada de la pared con una sierra circular y una navaja siguiendo las marcas trazadas. Instale el disco de la sierra a ¹⁄₁₆" más profundo que el espesor de la base y extienda los cortes un poco más allá de las esquinas donde se intersectan las líneas para asegurar un corte cuadrado.

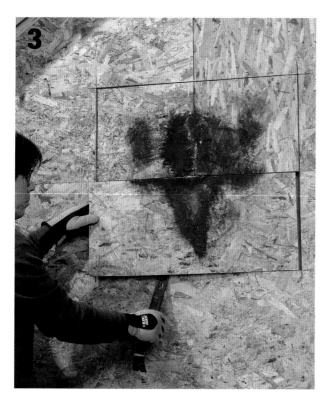

Remueva el material averiado. Quizás deba terminar los cortes con una sierra manual o de vaivén. Quite las piezas a reemplazar con una barra plana si es necesario.

Mida el área descubierta. Los cortes verticales deben quedar sobre las vigas de la pared. Corte el parche de una pieza de contrachapado para uso exterior. Debe ser ⅛" más pequeña que la abertura en todos sus lados.

Maderos de base

Instale dos maderos de base de 2 × 4 sobre la parte superior e inferior de la abertura para crear áreas de clavado para el parche. Si los lados del remiendo no tienen la adecuada área de clavado, instale maderos allí también.

Coloque la nueva pieza de remiendo en la abertura dejando un espacio de ⅛" en cada lado para permitir la expansión. Clave la pieza a los maderos con tornillos para terraza de 2¼" de 6 a 12" de distancia.

Material de envoltura

El material de envoltura para la vivienda es una tela sintética diseñada para bloquear la infiltración del aire y el agua exterior, pero a su vez permitir que la humedad y los vapores del interior salgan de la casa. Es recomendable colocar el material antes de instalar los marcos y ventanas, pero ya que esto no es siempre posible en proyectos de remodelación o reemplazo, puede cortar el papel alrededor de estas piezas. La mayoría de los materiales para fachadas necesitan ser clavados a las vigas, y las marcas de la envoltura muestran su localización. Es permitido usar grapas para clavar la envoltura, pero las puntillas con cubiertas recomendadas tienen mejor capacidad de sostener el material.

El papel de fieltro no es igual al material de envoltura. No es diseñado para bloquear el aire y puede absorber agua. No utilice el papel de fieltro cuando supuestamente debe usarse el material de envoltura.

Compruebe que las marcas de las vigas sobre la envoltura están alineadas con las vigas de la pared.

Herramientas y materiales ▸

Martillo / Navaja
Dispositivo para
  aplicar cinta
Material de envoltura

Puntillas para cubiertas
Cinta para la envoltura
  (de 2" ó 3")

Cómo instalar el material de envoltura

Comenzando a una altura de 6 a 12" alrededor de la esquina de la casa, y a 3" sobre el cimiento para cubrir el alféizar, desenrolle la envoltura con la marca impresa hacia el frente. Alinee las marcas de las vigas impresas en el material con las marcadas sobre la base de la pared. Mantenga el rollo derecho a medida que lo desenvuelve.

Clave la envoltura cada 12 a 18" sobre la viga vertical usando las puntillas con cubiertas. Mantenga el material ajustado al desenrollarlo. Haga los cortes necesarios sobre la tela para conexiones como mangueras o el medidor de electricidad.

Consejo ▸

El material de envoltura ayuda a proteger la casa de los peores enemigos: agua, humedad y corrientes frías de aire. Cubrir la vivienda con esta tela antes de instalar la fachada, puede reducir los costos de energía.

Al iniciar un nuevo rollo, sobreponga las uniones verticales de 6 a 12" alineando las marcas de las vigas. Comience la segunda hilera sobreponiendo la inferior 6". Una vez más, compruebe que las marcas de las vigas están alineadas.

Al instalar el material de envoltura sobre las ventanas y puertas, córtelo en la mitad de las marcas de las puntillas. En la parte inferior, córtelo en el alféizar. Coloque la lámina de protección del alféizar y larguero por encima del papel. Evite cortar las marcas de clavado y alféizar cuando corte el material de envoltura.

Cubra con cinta las uniones verticales y horizontales, rajaduras accidentales, las uniones alrededor de las puertas, ventanas, y las salidas de salidas eléctricas o de plomería. Cubra primero la parte inferior de las salidas, luego los lados, y luego coloque un pedazo de cinta en la parte superior.

Fachada de vinilo

La fachada de vinilo se ha convertido en uno de los materiales más populares debido a su bajo costo, apariencia uniforme, durabilidad y poco mantenimiento. Su instalación es relativamente simple (cada hilera se conecta sobre la pestaña superior de la fila anterior, y se clava a lo largo de la misma).

Hay un par de factores importantes que pueden afectar o positiva o negativamente su proyecto. Primero, la base debe estar sólida y derecha antes de instalar la fachada. Ésta lucirá derecha y apropiada en la medida que la pared presente las mismas condiciones. Segundo, determine cómo se va a sobreponer la fachada para esconder las uniones y clavados de la visión general. Esto por lo general sugiere el comenzar a trabajar desde la parte trasera hacia el frente de la casa.

No clave los paneles por completo sobre la pared. Estos necesitan tener libertad de movimiento a medida que se contraen y expanden con los cambios de temperatura. Si no se pueden mover, se brotarán y tendrán que ser reinstalados. Mantenga una distancia de $1/32"$ entre la cabeza de la puntilla y el panel.

Los paneles de vinilo están disponibles en variedad de colores y estilos, junto a una gran cantidad de accesorios como marcos, moldes acanalados, columnas verticales, y moldes decorativos con apariencia de madera. La fachada de vinilo más común se instala horizontalmente (ver el comienzo de la página 120). Este proyecto presenta una base de espuma que reduce el ruido exterior, protege la fachada de abolladuras, y mejora el proceso de aislamiento. El vinilo vertical es específicamente hecho para aplicaciones en esa dirección. Las tablillas de vinilo son otro tipo de material para fachadas, y su instalación es mostrada en las páginas 126 y 127.

Herramientas y materiales ▸

Martillo / Escuadra	Alicates para abrir hoyuelos
Sierra circular o radial	
Abrazaderas / Regla	Pistola para silicona
Cinta métrica	Paneles de vinilo
Cuerda / Puntillas	Canal estilo 'J'
Navaja / Nivel	Postes esquineros
Tijeras para cortar latón	Molde para debajo del alféizar
Cuerda de tiza	Pieza de borde inicial
Alicates para crear aberturas horizontales	Tabla para cortar
	Gafas protectoras
Herramienta de agarre	Pegamento de silicona

La fachada de vinilo puede lucir similar a la de madera, pero no requiere de mantenimiento regular. El vinilo puede ser instalado en cualquier tipo de estilo de casa.

Consejos para cortar la fachada de vinilo

Utilice un disco de dientes finos instalado en dirección contraria para hacer el corte. Use una sierra radial de brazo, una ingletadora o una circular, y mueva el disco lentamente sobre el panel de vinilo. Siempre lleve puestas gafas protectoras al hacer los cortes.

Sostenga el panel sobre la mesa para cortar cuando lo esté cortando. El vinilo es muy endeble para ser colocado en medio de caballetes sin el soporte adecuado. Puede construir una base para cortar clavando una pieza larga de contrachapado entre un par de caballetes.

Consejos para usar herramientas especiales

Los alicates para abrir hoyuelos se usan para hacer lengüetas elevadas, u hoyuelos, en el borde del panel donde ha sido removida una puntilla de agarre eliminando la necesidad de clavar el panel con puntillas.

Los alicates para crear aberturas horizontales se usan para crear aberturas horizontales para las puntillas en la parte frontal de los paneles. También puede usarse para agregar o alargar un hueco existente para emparejarlo con una viga en un espacio irregular.

Cómo instalar la fachada de vinilo

Instale el material de envoltura siguiendo las instrucciones de las páginas 116 y 117. Localice la esquina más baja de la casa que tenga base y clave parcialmente una puntilla a 1½" del borde inferior. Extienda un nivel de cuerda hasta el lado opuesto de la pared y clave otra puntilla a media mitad. Repita la acción alrededor de toda la casa. Marque líneas con tiza entre las puntillas.

Coloque el lado superior de la pieza de borde inicial a lo largo de la línea marcada y clávela cada 10" en el centro de las aberturas sin apretarla contra la casa. Mantenga ¼" de distancia entre cada pieza, y deje un espacio de ½" en las esquinas entre la pieza inicial y el poste esquinero.

Opción: Use puntillas con cubiertas para instalar una capa de espuma de vinilo sobre la base de la casa. Alinee la parte inferior del material con la pieza del borde inicial. Comience el corte de la espuma al tamaño ideal con una navaja y termínelo sobre una mesa de trabajo. Ciertas espumas deben ser encintadas en las uniones. Siga las instrucciones del fabricante.

Instale el poste esquinero dejando ¼" de espacio entre el borde superior y el alero. Extienda la parte inferior del poste ¼" más allá del borde de la pieza inicial. Clave una puntilla en la punta final del agujero más elevado en cada lado del poste (el poste se cuelga de estas dos puntillas). El poste debe estar a plomo en ambos lados. Asegúrelo clavándolo cada 8 a 12" en el centro de las aberturas, pero no lo ajuste por completo contra la pared. Instale los otros postes de igual manera.

Si necesita instalar más de una pieza para extenderla a la longitud de la esquina, el poste superior debe sobreponer el inferior. En los postes de esquinas exteriores, corte 1" de la pestaña de clavado del borde inferior del poste superior. Para las esquinas interiores, corte 1" de la pestaña de clavado del borde superior del poste inferior. Sobreponga los postes ¾", dejando ¼" para expansión.

Mida y corte dos canales en forma de 'J' de la longitud de la ventana más el ancho del canal. Coloque una de las canales contra el lado de la ventana y alinee el borde inferior con el borde inferior de la ventana. Clave la canal. Clave la segunda canal en el otro lado de la ventana de igual forma.

Mida la distancia entre los bordes externos de las canales 'J' laterales en la parte superior de la ventana y corte una pieza al tamaño correcto. Corte una pieza de ¾" en cada punta y dóblela hacia abajo para usarla como canal de borde. Corte la punta de cada borde en un ángulo de 45°. Centre la canal 'J' sobre la ventana y clávela. La canal 'J' superior sobrepone las piezas laterales y la canal de borde se ajusta al interior de las piezas laterales. Repita la operación para cada ventana y puerta.

Mida, corte e instale la canal 'J' a lo largo de las puntas del hastial. Clave las canales cada 8 a 12". Para sobreponerlas, corte 1" del dobladillo de clavado. Sobreponga las piezas ¾", dejando ¼" para expansión. En la punta superior del hastial, corte una canal al mismo ángulo para ajustarla contra la esquina. Corte en ángulo el lado opuesto y sobrepóngalo sobre la primera canal.

(continúa)

Para instalar la canal 'J' sobre el borde del techo, trace una marca con una línea de tiza sobre la lámina de protección a ½" más arriba del techo. Alinee el borde inferior de la canal sobre la línea y clávela en su lugar. La canal no debe hacer contacto directo con las piezas de techado (tejas).

Mida, corte e instale alféizar debajo de cada ventana. El alféizar debe quedar a ras con la pestaña exterior de las canales laterales.

Mida, corte e instale alféizar a lo largo de los bordes horizontales de la casa. Si necesita más de un alféizar, corte el dobladillo de clavado 1¼" de la punta de un alféizar. Sobrepóngalos 1".

Ajuste la pieza de cerrado de la parte inferior del primer panel sobre la tira inicial. Compruebe que queda asegurada en su lugar. Mantenga una distancia de ¼" entre el final del panel y el poste esquinero. Clave el panel por lo menos cada 16" en el centro. No clave las puntillas por completo. *Nota: Esta instalación muestra una capa de vinilo de base en su lugar.*

12

Sobreponga los paneles 1". Córtelos dejando visible el borde cortado de fábrica. Mantenga las puntillas al menos 6" del borde para permitir un fácil traslapado. No traslape paneles directamente debajo de una ventana.

13

Coloque la segunda hilera sobre la primera ajustando la pieza de sellado dentro de los paneles traslapados. Deje un espacio de ¼" gen las esquinas y canales 'J'. Continúe instalando las siguientes hileras intercalando las uniones al menos 24" si no están separadas por lo menos por 3 hileras. Compruebe el nivel con regularidad y haga ajustes en pequeños incrementos si es necesario.

14

En el caso de grifos, tuberías u otros elementos similares, haga una abertura en ese lugar. Trabaje con un nuevo panel para evitar crear más uniones. Corte la abertura ¼" más grande que el elemento y teniendo en cuenta 1" para el traslapo del panel. Coincida la forma de la abertura con la del elemento lo más cerca posible. Coloque los paneles juntos alrededor de la obstrucción y clávela en su lugar.

15

Coloque bloques de montura alrededor de los enchufes, luces y timbres. Ensamble la base alrededor del aparato comprobando que queda nivelado y clávelo en su lugar. Instale los paneles de la fachada, córtelos para que se ajusten alrededor de los bloques de montura dejando un espacio de ¼" en cada lado. Instale la cubierta ajustándola sobre el bloque.

(continúa)

16

Cuando tenga que cortar un panel para acomodarlo debajo de una ventana, coloque la pieza donde se va a instalar, marque los bordes y deje ¼" de espacio. Coloque un retazo de madera sobre la ventana y marque la profundidad del corte manteniendo ¼" de espacio. Transfiera las marcas al panel, marque la muesca y córtela. Abra hoyuelos sobre la cara frontal cada 6" con la herramienta indicada. Instale el panel y cierre la pieza debajo del alféizar.

17

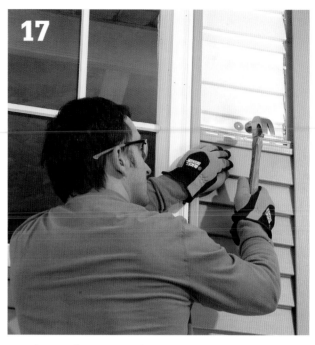

Instale paneles ya cortados entre ventanas y entre ventanas y esquinas al igual que paneles completos. Evite traslapar paneles y crear uniones en espacios pequeños. Las piezas necesitan ser alineadas con los otros paneles en el lado opuesto de la ventana.

18

Para instalar paneles sobre una ventana, sosténgalo sobre la ventana y márquelo. Utilice un trozo de madera para medir la profundidad del corte. Transfiera la medida sobre un panel completo y haga el corte. Coloque la pieza sobre la canal 'J' sobre la ventana, asegure el panel en su lugar y clávelo.

19

Para cubrir las buhardillas, mida la altura del panel desde la parte inferior de la canal 'J' y haga la marca. Mida a lo largo del lado opuesto de la canal. Use esa medida para marcar y cortar el panel. Instale los paneles de las otras buhardillas de la misma forma.

Mida la distancia entre el seguro del último panel completo instalado y la parte superior del alféizar debajo de los bordes horizontales. Substraiga ¼", luego marque y corte el panel a la medida. Use alicates para abrir hoyuelos cada 6" sobre la cara frontal. Instale el panel asegurándolo dentro del alféizar.

Coloque un retazo de panel en la canal 'J' junto al hastial final de la casa. Coloque otro retazo sobre la última fila de paneles antes que comience el hastial, deslícelo debajo del primer retazo y marque el ángulo donde se intersectan. Transfiera la medida sobre paneles completos. Haga lo mismo en el otro lado. Corte los paneles y coloque la parte cortada en la canal 'J' dejando ¼" de espacio.

Corte la última pieza de la fachada para acomodarla en la punta del hastial. Clave una sola puntilla de aluminio o acero inoxidable sobre la parte superior del panel para sostenerlo en su lugar. Este es el único sitio donde clavará el panel de frente con puntillas.

Aplique silicona entre todas las ventanas y puertas y las canales 'J'.

Variación: Cómo instalar tablillas de vinilo

1

Siga los pasos 1 a 7 en las páginas 120 y 121 para preparar las paredes, instale la tira inicial y los postes esquineros, corte las piezas alrededor de las ventanas y puertas y ajuste la canal 'J' a lo largo del hastial final de la casa. Instale la canal 'J' debajo de los bordes horizontales, y use la canal en lugar del alféizar debajo de las ventanas.

2

Corte una línea derecha con una sierra circular con disco de carburo a lo largo del lado sin pestaña (el derecho) del primer panel. No invierta el disco. Si la pieza tiene una marca de fabricante para el corte, siga la marca. Asegure la parte inferior del panel sobre la tira inicial y deslícela hacia el poste esquinero dejando ¼" de espacio entre el panel y el poste.

3

Siga la secuencia de clavado sugerida por el fabricante. En este ejemplo se comienza clavando en la abertura sobre la parte superior derecha, luego a la izquierda, y luego en el lado sobre la pestaña izquierda seguido por el centro del panel. Las puntillas deben ser clavadas cada 8".

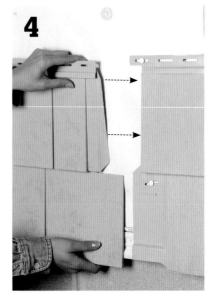

4

Coloque el siguiente panel en posición sobre la tira inicial. El dobladillo de clavado y la mitad de la parte inferior del panel cabe dentro del primero; las piezas superiores se ajustan debajo del primer panel. Traslape los paneles siguiendo las recomendaciones sobre temperatura. Colóquelo en su lugar siguiendo la secuencia de clavado.

5

Instale los paneles restantes en la hilera. Al colocar el último panel, mida desde la línea de temperatura correcta en el último panel instalado hasta el poste esquinero y reste ¼". Corte el panel a ese tamaño sobre el lado izquierdo e instálelo. *Consejo: Los paneles de tablilla de vinilo deben ser aclimatados a la temperatura exterior al menos una hora antes de la instalación.*

Mida a partir de la línea izquierda de alineación del primer panel de la primera hilera hasta el poste esquinero y reste ¼". Corte el panel y quite el lado sin pestaña. Colóquelo sobre la primera hilera, ajuste los seguros y muévalo hacia arriba para apretar la pieza. Alinee la pestaña izquierda con la línea izquierda de alineación del panel sobrepuesto y clávelo en su lugar.

Para la tercera hilera, mida a partir de la línea derecha de alineación del segundo panel en la segunda hilera hasta el poste esquinero, y reste ¼". Corte el panel y quite el borde derecho. Instálelo alineando la pestaña izquierda con la línea derecha. Instale las hileras restantes siguiendo el paso 6 para hileras pares, y el paso 7 para las impares. Corte paneles para colocar en la esquina opuesta y al lado de las puertas dejando ¼" de espacio.

Corte los paneles para alrededor de las ventanas siguiendo los pasos 16 a 18 en la página 124. Clávelos sobre las aberturas cada 8" a lo largo del borde de corte del panel usando los alicates para crear aberturas horizontales. Coloque el panel en su lugar y clávelo con puntillas en ángulo. La canal 'J' cubrirá las cabezas de las puntillas.

Mida la altura de la última hilera de paneles debajo de los bordes dejando un espacio de ¼" para el movimiento. Corte los paneles al tamaño correcto, abra hoyuelos cada 8" a lo largo del borde de corte. Instale los paneles y clávelos a través de las aberturas.

Paneles horizontales

Existen varios tipos de instalación de paneles horizontales para la fachada, y entre ellas se destacan las de listón, biselada y unión por ranuras, pero la más popular es el panel sobrepuesto o traslapado, el cual es mostrado en este proyecto. La instalación es básicamente sencilla, con cada hilera sobreponiendo y cubriendo las puntillas de la fila anterior. Aquí usamos un medidor de distancia para crear una separación y traslapado constante en cada hilera.

Cuando vaya a instalar los paneles de madera, los debe aclimatar a la temperatura exterior del área donde habita para que se expandan o encojan antes de ser colocados. En este ejemplo, estamos usando paneles de fibra de cemento con igual textura y apariencia de la madera pero que no se pudren o rajen. La instalación es prácticamente igual, pero puede ser un poco más difícil clavarlos (es mejor abrir huecos guía por adelantado), y requiere de un disco de carburo para cortarlos. Siempre debe llevar puesta una máscara para respirar cuando haga los cortes porque el material contiene silicio, el cual puede causar cáncer en el pulmón.

Almacene el material en posición plana alejado del piso y cúbralo hasta que lo use. Cuando lo transporte, asegúrese de no doblarlo o quebrarlo. Pida ayuda para facilitar esta operación. Los paneles deben ser clavados sobre las vigas, y por lo tanto es importante mantener las marcas de la envoltura de la casa alineadas con las vigas de la pared. Corte los paneles boca abajo para evitar averiar la parte frontal.

Si el material todavía no ha sido pintado con sellador, aplique una capa antes de instalarlo. También pinte los lados de las partes cortadas durante la instalación. Algunos materiales de madera o fibra de cemento necesitan pintarse después de haber sido instalados. A pesar de que debe pintar toda la fachada después de haberla instalado, tendrá la oportunidad de cambiar el color cuando lo desee. Otros materiales de fachada ya vienen en colores que no requieren pintura, y las uniones se sellan con silicona del mismo color.

Los paneles horizontales sobrepuestos pueden ser de madera, fibra de cemento, o de otros materiales manufacturados. Es fácil de instalar y tiene una apariencia tradicional.

Herramientas y materiales ▸

Cinta métrica
Sierra circular
Pistola para silicona
Cuerda de tiza
Brocha para pintar
Sierra combinada con
    disco para madera
Disco de carburo para
    fibra de cemento
Nivel de 4 pies
Medidor

Falsa escuadra
Tira derecha de
    $1/4 \times 1\frac{1}{2}$"
Paneles y moldes
Puntillas contra
    corrosión 6d
Puntillas contra
    corrosión para
    fachada de 2"
Silicona flexible
Sellador

Cómo instalar paneles horizontales

Cubra el exterior de la casa con envoltura especial dejando las marcas de las vigas alineadas con la pared (ver páginas 116 y 117). Comenzando en la esquina más inferior, marque una línea nivelada en la parte inferior de la pared donde va a comenzar la fachada. La fachada debe cubrir la placa de alféizar, y debe quedar por encima del piso y superficie de concreto.

Instale la pieza esquinera a ras con el borde exterior de la esquina y con la línea marcada en la parte inferior. Clave las puntillas a 1" de la punta y a ¾" de los bordes. Clave dos puntillas cada 16". Traslape el segundo panel del lado adyacente alineando el borde con la cara del primero, y clávelo en su sitio.

Cuando haya que instalar más de una pieza en las esquinas, corte las puntas a 45°. Pinte los cortes con sellador e instale la primera pieza con el lado en ángulo mirando hacia afuera de la casa. Coloque la pieza superior encima alineando los cortes. Intercale las uniones en lados adyacentes.

Instale el molde de la esquina al interior de la misma. Clávelo con puntillas separadas cada 16".

(continúa)

5

Mida y corte el molde para instalarlo alrededor de la ventana. Instale primero el lado inferior y luego mida y corte los lados laterales. Coloque los laterales a ras con los bordes del marco inferior y deje ⅛" de espacio por encima de la cubierta de goteras. Mida y corte el molde para la parte superior. Instálelo a ras con los laterales. Clávelo con puntillas separadas cada 16". Repita los pasos para el resto de ventanas y puertas.

Opción: En lugar de instalar primero el marco, hágalo después de instalar los paneles de la fachada. Luego clave los moldes directamente sobre los paneles. Use puntillas largas para penetrar hasta el interior de las vigas de la pared.

6

En los bordes horizontales, instale un madero friso directamente debajo de los aleros. Coloque los maderos frisos contra la esquina del molde, y clávelo con dos puntillas sobre las vigas cada 16" de distancia.

7

Use la falsa escuadra para establecer el ángulo de la punta del hastial de la casa. Traslade esa medida sobre la punta del friso, córtelo e instálelo debajo de los aleros.

8

Instale una tira derecha y delgada de madera a lo largo de la base de las paredes. Alinee el borde inferior con una cuerda de tiza y clávelo con puntillas 6d. Déjelo a ⅛" de distancia del molde esquinero. *Consejo: En lugar de comprar las tiras, corte trozos de paneles de madera o de fibra de cemento de 1½" de ancho y úselos en su lugar.*

9

Corte el primer panel de la fachada dejándolo que descanse sobre el medio de una viga mientras que la otra punta queda a ⅛" de distancia de la pieza vertical esquinera. Pinte los cortes con sellador. Alinee la pieza con el borde inferior de la tira delgada. Mantenga ⅛" de distancia entre el panel y la moldura esquinera. Clávelo sobre cada viga de la pared a 1" del borde superior usando puntillas para fachada.

10

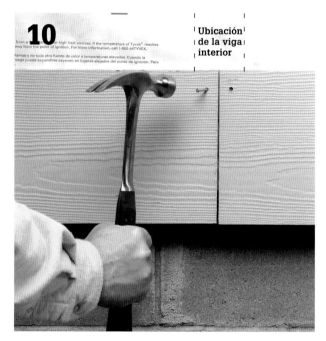

Mida y corte el siguiente panel para que llegue a la esquina opuesta o descanse sobre la mitad de otra viga interna. Colóquelo sobre la tira delgada dejando ⅛" de espacio con el panel anterior. Clávelo a ⅜"de distancia de la unión y sobre cada viga.

11

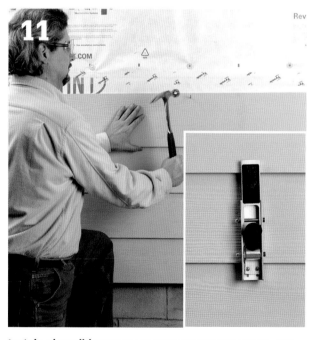

Instale el medidor (ver foto anexa) para traslapar los paneles 1¼" mínimo. Coloque la segunda hilera de panelas sobre la primera usando el medidor para crear la separación correcta. Intercale las uniones por lo menos la distancia de una viga. Repita el procedimiento en las hileras siguientes. Revise el nivel cada cinco o seis hileras. Haga los ajustes en pequeños incrementos. Corte las muescas en la medida que aparecen obstáculos, si es necesario.

(continúa)

Para las ventanas, coloque el panel debajo del marco de la ventana. Haga una marca a ⅛" de los bordes externos de los marcos verticales. Coloque un retazo de panel al lado de la ventana con el traslapo correcto y marque la profundidad del corte a ⅛" más abajo del panel inferior. Transfiera la medida al panel y haga el corte. Haga lo mismo sobre el marco superior de la ventana.

Opción: Los paneles de fachada de 12" o más anchos, o los clavados a 24" en el centro, necesitan ser clavados sobre la cara frontal. Los paneles se traslapan un mínimo de 1¼" y se clavan entre ¾ y 1" desde el borde inferior. Clave las puntillas atravesando ambos paneles sobre la viga usando puntillas para fachada a prueba de corrosión.

Cuando instale la fachada a la altura del techo, mantenga los paneles entre 1 y 2" más arriba del techado. Use una falsa escuadra para determinar los ángulos del borde del techo y transfiera esa medida sobre los paneles a cortar. Coloque el borde inferior del panel sobre la lámina protectora del techo y clávelo en su lugar.

14

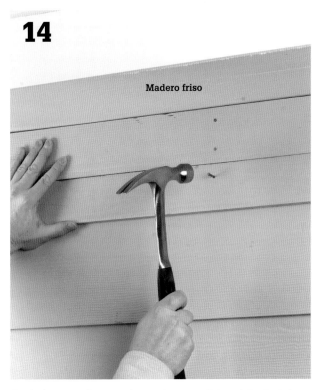

Madero friso

Corte los paneles de la última hilera e instálelos a ⅛" más abajo del madero friso debajo de los bordes horizontales. Clávelos en su lugar.

15

Utilice la falsa escuadra para determinar el ángulo del borde del techo sobre la punta final del hastial. Transfiera esa medida sobre los paneles y haga los cortes.

16

Mantenga los paneles a ⅛" de distancia de los maderos cortados y clávelos en su lugar a lo largo del hastial.

17

Llene los espacios entre los paneles y moldes con silicona flexible y con capacidad de pintarse. Píntelos del color deseado (ver Pintura y sellado de la fachada en la página 211).

Tablillas de madera

La instalación de las tablillas de madera es básicamente la misma, pero existe una diferencia entre los materiales. Las tablillas "shakes" son divididas a mano y luego cortadas por la mitad con serrucho dándoles una superficie rústica y una cara trasera plana y suave. Las tablillas "shingles" son cortadas a máquina por ambos lados y lijadas para crear tableros lisos y en forma de cuña más delgadas que las primeras. Ambas tablillas son hechas por lo general de cedro.

Estos materiales son comúnmente instalados en un patrón traslapado, y el cual es usado en este proyecto. Cada pieza se sobrepone sobre la inferior. Para crear un efecto de mayor profundidad, puede instalar tablillas dobles juntas traslapadas e intercaladas como se muestra en la página opuesta. También se presentan varias formas para crear las esquinas. Mientras tenga más traslapo entre cada hilera, dará mayor protección a la vivienda, pero también utilizará más material.

Cada tablilla es instalada con dos puntillas anticorrosivas (4d o 7d). El tamaño de la puntilla se determina según el tipo y tamaño de la tablilla. Siga las recomendaciones del fabricante. Ellos también especificarán la distancia necesaria entre las tablillas. La mayoría se expande después de la instalación, mientras las que están todavía verdes o frescas pueden encogerse.

El material debe ser instalado sobre una base con una sólida estructura clavada con puntillas (como el contrachapado). Si la superficie no es aceptable, instale tiras de madera de 1 × 3 ó 1 × 4 a lo largo de toda la casa para utilizarse como superficie de clavado. El papel de fieltro también es otro material usado sobre la base, pero debe consultar su código local para determinar cuáles son los tipos de requerimientos.

Herramientas y materiales ▸

Martillo	Pistola para silicona
Sierra manual	Tablillas ("shakes"
o caladora	o "shingles")
Cinta métrica	Moldes de cedro
Navaja	(2 × 2, 1 × 3, 1 × 4)
Grapadora	Puntillas
Cuerda de tiza	Papel de fieltro 30#
Nivel de cuerda	Grapas
Brocha de pintar	Sellador
Falsa escuadra	Silicona flexible

Las tablillas de madera son muy usadas en fachadas de casas de estilo Victoriano o antiguas en los Estados Unidos, pero pueden instalarse en cualquier vivienda para crear una apariencia rústica.

Variaciones en la instalación de las hileras

La instalación de doble tablilla ofrece una apariencia de profundidad más marcada entre las hileras. Cada hilera se instala ½" más abajo de la tablilla inmediatamente debajo. Por lo general se usa una tablilla de menor calidad para la capa inferior.

La instalación junta y escalonada presenta una apariencia aleatoria tridimensional. El trabajo se comienza con una fila escalonada doble y luego se traslapan hileras de tablillas a 1" de distancia.

Variaciones en la instalación de las esquinas

Las esquinas entretejidas tienen tablillas que se traslapan para crear ese efecto. La intercalada se alterna entre las paredes y con cada hilera construida.

Las esquinas en ángulo se hacen con tablillas cortadas a 45° y ajustadas unas a las otras. Este método requiere de mucho tiempo para construirlo.

Cómo instalar un intercalado sencillo de tablillas

Cubra la superficie exterior con papel de fieltro. Comenzando desde la parte inferior de la pared, instale el papel horizontalmente y clávelo con grapas. Sobreponga las esquinas por lo menos 4", las uniones verticales 6" y las horizontales 2". Corte las aberturas sobre las puertas y ventanas.

Comenzando en la parte más baja de la casa, trace una línea con una cuerda de tiza sobre la parte inferior de la pared donde se iniciará la fachada. Mida la altura de la pared desde la línea hasta los aleros.

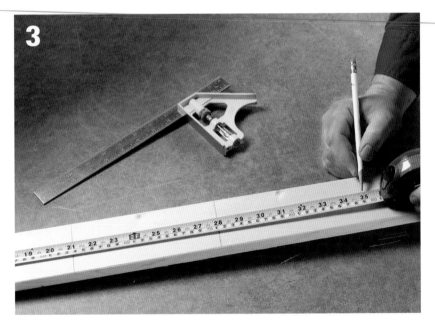

Para determinar el área expuesta de las tablillas (la cantidad de madera expuesta debajo del traslapo), divida la altura de la pared por la cantidad de hileras propuesta. El objetivo es encontrar la medida del área expuesta que puede ser multiplicada por el número total igual a la altura de la pared. (Una pared de 120" de altura puede tener doce hileras con 10" de tablilla expuesta). Fabrique un madero de medición derecho de 1 × 3 y haga una serie de marcas iguales al área expuesta. *Consejo: Es mejor alinear las hileras con los bordes superiores e inferiores de las puertas y ventanas.*

Coloque el madero de medición en la esquina alineando la punta inferior con la línea de tiza. Transfiera las marcas sobre la pared. Realice esta acción en cada esquina, puerta y ventana.

Coloque un madero de 1 × 3 sobre la esquina exterior alineado con la marca de tiza inferior. Mantenga el borde exterior a ras con la pared adyacente. Clávelo. Traslape el borde del madero con otro de 1 × 4, alineado con la marca de tiza inferior y clávelo en su lugar. Si necesita más de un madero para extender a la altura de la pared, corte las puntas en un ángulo de 45° y luego únalos. Haga lo anterior en todas las esquinas exteriores. *Consejo: Aplique sellador sobre el borde tan pronto corte una tablilla o pedazo de molde.*

Clave un madero de 2 × 2 en la esquina interior dejándolo a ras con la marca de tiza inferior. Si necesita más de un madero para extender a la altura de la pared, corte las puntas en un ángulo de 45° y luego únalos.

Si la marca de tiza es difícil de ver, instale una cuerda desde la esquina inferior de las piezas cortadas. Comenzando desde la esquina, instale la hilera inicial de tablillas a ½" por encima de la marca de tiza. Mantenga la distancia entre las tablillas, y entre éstas y los marcos, según la recomendada por el fabricante (por lo general de ⅛ a ¼"). Clave las puntillas a ¾" de los bordes, y a 1" arriba de la línea de exposición.

Coloque la primera hilera de tablillas sobre la hilera de inicio a ras con la marca de tiza inferior. Traslape las uniones en la hilera de inicio por lo menos 1½".

(continúa)

9

Haga una marca con la cuerda de tiza a lo largo de las tablillas para señalar el espacio expuesto usando las marcas de referencia del paso 4. Instale una hilera de tablillas sobre la marca sobreponiendo las uniones. Instale las hileras restantes de igual manera.

Opción: Para mantener las líneas derechas, clave un madero de 1 × 4 a ras con la línea de referencia. Clave el madero entre los espacios de las uniones de tablillas. Use este madero como guía para instalar las tablillas.

10

Corte las tablillas para alrededor de las puertas, ventanas y otras obstrucciones en las paredes usando una caladora o sierra manual. Compruebe que las uniones entre las tablillas no quedan alineadas con los bordes de las puertas y ventanas. *Consejo: En lo posible, haga un diseño para instalar tablillas completas al lado de las puertas y ventanas, en lugar de tener que cortarlas.*

11

Corte e instale las tablillas superiores sobre las ventanas y puertas. Alinee las tablillas con las adyacentes a cada lado de la puerta o ventana.

Coloque un madero de retazo debajo de la ventana manteniendo la distancia establecida del último madero instalado. Márquelo ⅛" más allá del borde exterior de la extensión lateral. Use esa medida para marcar el corte del tablero marcado en el paso 8. Corte a abertura de la ventana con una sierra de vaivén.

Coloque el tablero en posición dejando ⅛" de espacio alrededor de la extensión de la ventana. Sólo clave una puntilla por cada tramado en el área de la ventana. Repita los pasos 8 a 10 para el resto de puertas y ventanas.

Si es necesario instalar más de un tablero para llegar a la altura deseada, corte las puntas de uniones en un ángulo de 45°. Las uniones deben quedar sobre los maderos del tramado. Intercale las uniones por lo menos una tira del tramado.

Cuando comience una nueva pared, coloque el primer tablero sobre el borde de la última pieza instalada en la pared adyacente. Clávelo en su lugar.

(continúa)

13

A la altura del hastial de la vivienda, use una falsa escuadra para determinar el ángulo del techo. Transfiera esa medida sobre los tableros, córtelos e instálelos. Cada tablero debe ser medido individualmente ya que la distancia cambia a lo largo del hastial.

14

Llene las grietas entre los tableros y aleros, y entre los tableros y extensiones usando silicona flexible que pueda pintar.

15

Mida y corte los listones. Centre cada uno sobre la unión de los tableros. Clávelos con puntillas 10d, una a cada lado y sobre el entramado. Después de instalarlos, remueva el madero usado como borde inferior. Pinte la fachada (ver Pintura y sellado de la fachada, comenzando en la página 211).

Variación: Para crear una apariencia de mayor profundidad en las uniones de la fachada, instale primero los listones y luego los tableros sobre los mismos.

Cómo instalar paneles en forma vertical

1

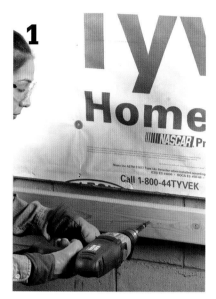

Cubra las paredes con material de envoltura (ver las páginas 116 y 117). Trace una línea de nivel en la base de la pared donde va a comenzar la fachada. Instale un borde de madera sobre la línea siguiendo el paso 5 en la página 142.

2

Comenzando desde la esquina, mida la distancia desde el borde inferior hasta los aleros, reste ⅛", y corte el panel a esa medida. Colóquelo sobre el borde inferior y a ras con la esquina de la pared y clávelo con puntillas a prueba de corrosión que penetren las vigas 1½".

3

Si los paneles tienen lengüetas prefabricadas, traslápelos a la distancia especificada por el fabricante. De lo contrario, deje ⅛" de espacio entre los paneles.

4

Coloque un panel al lado de la ventana y márquelo ⅛" más arriba y abajo de los bordes extremos de las extensiones. Coloque un retazo de madera y márquelo ⅛" más allá de las extensiones. Transfiera las medidas sobre el panel y corte la abertura de la ventana con una sierra de vaivén. Repita la acción en las otras ventanas, puertas y obstáculos a lo largo de la pared.

5

Siga los pasos 13 y 14 en la página 144 para cortar los paneles debajo del hastial de la casa y aplique la silicona entre los paneles y aleros. Si desea crear un estilo más rústico, instale marcos de 1 × 3 ó 1 × 4 alrededor de las puertas, ventanas, esquinas y debajo de los aleros. Pinte la fachada (ver Pintura y sellado de la fachada, comenzando en la página 211).

Fachadas de troncos para cabañas

Las fachadas de las cabañas hechas de troncos de madera son una forma económica de crear un diseño rústico sobre la estructura. Debido a que la fachada no es construida con troncos completos, utiliza menos madera y es menos costosa que las cabañas tradicionales. La vista exterior da una apariencia natural y es casi imposible ver que no está hecha de troncos completos. Las conexiones en las esquinas completan el acabado auténtico de la estructura. Cuando las uniones interfieren con un pasillo o una entrada, o presentan algún diseño estructural, puede usarse maderas verticales en su lugar.

Los troncos son por lo general de madera de cedro o pino. En este proyecto usamos maderos de pino de 2×8 menos costoso que el cedro. Es instalado y clavado de frente, pero las puntillas son difíciles de ver. Para acelerar el proceso, alquile un compresor y una pistola de clavado neumático. Si desea clavarla a mano, use un martillo con superficie suave. Uno con superficie corrugada va a averiar la superficie.

Puede cortar las piezas con una sierra circular, pero una sierra métrica o compuesta facilitará la labor. Es muy importante que los cortes queden derechos ya que las piezas van unidas unas a otras. La fachada debe clavarse a las vigas y por tal razón asegúrese de dejar las marcas, sobre el material de envoltura, alineadas con las vigas de la estructura.

Herramientas y materiales ▸

Martillo
Nivel
Cuerda de tiza
Formón
Cinta métrica
Taladro
Nivel de 4 pies
Pistola para silicona
Sierra de vaivén
Sierra circular, métrica o compuesta
Falsa escuadra
Brocha de pintar
Fachada de troncos para cabaña
Cedro o pino (2×2; 2×4; 2×6)

Material de envoltura para la estructura
Puntillas con cubiertas
Esquinas laterales izquierda y derecha
Puntillas galvanizadas para exteriores cubiertas en zinc derretido (12d o 16d)
Silicona de poliuretano
Sellador

Esta construcción no es una cabaña, pero es imposible saberlo desde el exterior. La fachada de troncos crea una apariencia encantadora con el realismo de una vivienda hecha con troncos.

Cómo instalar la fachada de troncos en una cabaña

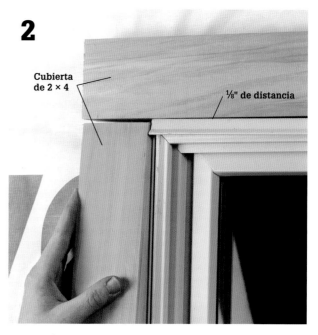

Cubra las paredes con la envoltura (ver páginas 116 y 117), y marque una línea con tiza alrededor de la base de para crear la primera hilera de la fachada (siga el paso 1 en la página 129). Instale un madero de 2 × 2 en cada esquina interior a ras con la línea de tiza en la parte inferior. Clávelo en su lugar. Si necesita más de un madero de 2 × 2 para llegar a la altura deseada, corte las puntas de uniones en un ángulo de 45°.

Use maderos de 2 × 2 ó 2 × 4 para crear los moldes alrededor de las puertas y ventanas. Mida la parte superior, inferior y lateral de las puertas y ventanas y agregue ¼" a cada pieza; luego córtelas. Instale los moldes dejando ⅛" de distancia entre los marcos de las puertas y ventanas y los moldes.

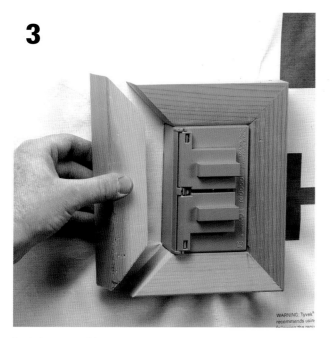

Instale un molde de 2 × 2 alrededor de las salidas eléctricas, enchufes, medidores y conductos.

Opción: Si está instalando uniones verticales, coloque la esquina de la pared a ras con la línea marcada en la parte inferior de la pared. Clávela. Instale las esquinas verticales antes de colocar cualquier fachada. Mantenga la fachada a ⅛" de distancia de esas esquinas.

(continúa)

4

Sostenga un trozo de fachada con la punta inferior (la pestaña) alineada con la marca de tiza (paso 1) y el borde a ras con la esquina exterior. Marque el lado opuesto en el punto medio de la última viga que cruce. Corte la pieza en ese lugar y aplique sellador a la parte cortada. *Consejo: Aplique siempre sellador a los cortes de las piezas de fachada, moldes y esquinas antes de instalarlas.*

5

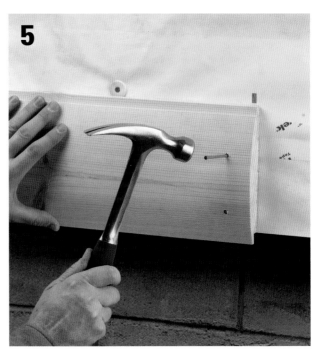

Instale la parte trasera de la pieza a lo largo de la marca con tiza y a ras con la esquina. Clávela con dos puntillas sobre cada una de las vigas. Clave la primera puntilla a 1½" del borde inferior, y la segunda a 3 ó 4" más arriba. Corte la siguiente pieza hasta llegar a la esquina opuesta, júntela a la primera pieza y clávela.

6

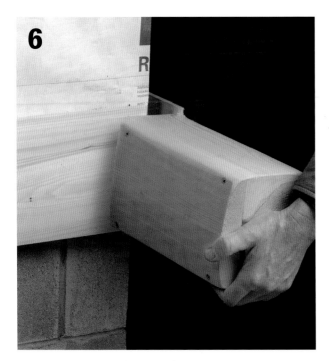

Comience con una pieza esquinera en la pared adyacente. Sosténgala dejando que traslape la punta de la pared de al lado. Marque el lado opuesto sobre la última viga. Córtela a la medida, colóquela a lo largo de la línea abajo marcada dejando que la esquina traslape la esquina opuesta. Clávela e instale las hileras restantes de igual manera.

7

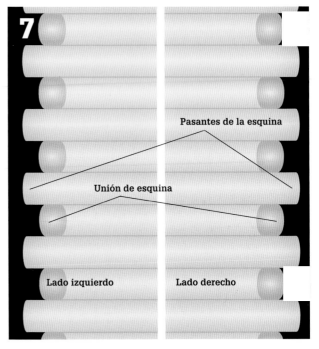

Pasantes de la esquina

Unión de esquina

Lado izquierdo   Lado derecho

Alterne entre las uniones y las pasantes en las esquinas en cada hilera de la fachada. Las esquinas de cada hilera deben ser iguales en ambos lados de la pared (ya sean uniones o pasantes). No puede tener una unión en un lado y una pasante en el lado opuesto.

Coloque la segunda hilera de la fachada sobre la primera, dejando la pestaña sobre el borde de la hilera inferior. Intercale las uniones entre las hileras por lo menos la distancia de dos vigas. Mantenga ⅛" de separación entre las piezas y al interior de las esquinas. Instale las hileras restantes de igual forma. *Consejo: Existen piezas esquineras izquierdas y derechas. Siempre debe usar la pieza correcta en cada esquina. Comience a instalar la fachada sobre la pared que tiene la "unión" de esquina y luego traslápela con la "pasante" de la esquina en el lado adyacente. Para una esquina de "unión", la punta de la pieza queda a ras con la esquina. En la "pasante", la esquina se extiende para traslapar la pieza de la pared adyacente.*

En el caso de grifos de agua u otros pequeños obstáculos que no va a enmarcar, abra un agujero sobre la pieza en el sitio correcto y colóquela sobre el objeto. Para mantener el agujero lo más pequeño posible, puede remover el objeto y conectarlo de nuevo después de haber colocado la fachada en el lugar.

Revise con frecuencia el nivel de las hileras. Si es necesario, deje un espacio pequeño entre las pestañas y bordes hasta nivelar las hileras. Haga los ajustes sutilmente a lo largo de varias hileras. Comience con piezas de 8 pies de largo para las esquinas de la primera hilera. A medida que construye las siguientes hileras, mueva las uniones dos vigas hasta que pueda usar piezas de 4 pies. Luego comience con piezas de 8 pies otra vez.

(continúa)

Instale la fachada hasta la parte inferior de la ventana. Sostenga la pieza debajo del marco de la misma. Márquela dejando ⅛" de más a cada lado del marco. Coloque un trozo de madera al lado de la ventana sobre la última fila instalada, y márquela a ⅛" más abajo del borde de la ventana.

Transfiera la medida anterior sobre una pieza de fachada. Corte la abertura con una sierra de vaivén.

Instale la pieza dejando ⅛" de espacio alrededor del marco de la ventana. Mantenga esa separación entre las piezas y el marco a medida que instala las filas siguientes.

Siga los pasos 11 y 12 para marcar y cortar las piezas que van sobre la parte superior de puertas y ventanas. Centre la abertura sobre la puerta o ventana y clávela en su lugar. Para un mejor acabado, evite que las uniones de la fachada queden directamente sobre los marcos a cubrir.

15

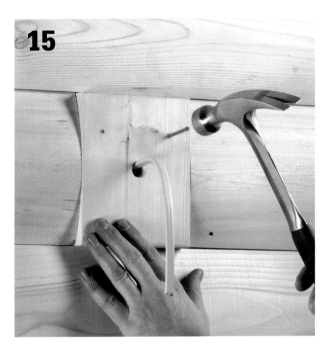

Cuando encuentre instalaciones eléctricas, abra agujeros sobre las piezas para pasar los cables. Para crear una superficie plana para sostener el aparato, mida 2¾" a partir del agujero en todas las direcciones. Haga una serie de cortes de 1" de profundidad sobre la pieza. Remueva las piezas con un formón hasta crear una base plana. Aplique sellador. Instale la pieza y pase el cable a través del agujero. Corte un madero de 2 × 6 a la altura de la pieza, abra un agujero para pasar el cable e instale la muesca. Monte el aparato eléctrico sobre el 2 × 6.

16

Cuando llegue a la última hilera, mida la distancia desde la parte inferior de la pestaña última hilera instalada hasta el borde del techo. Reste ⅛" y corte la pieza a la medida. Clávela en su lugar.

17

A la altura del hastial de la vivienda, use una falsa escuadra para determinar el ángulo del techo. Transfiera esa medida sobre las piezas e instálelas a lo largo del hastial.

18

Aplique silicona entre las piezas y las esquinas interiores. También hágalo entre las piezas y las esquinas verticales, ventanas y marcos de las puertas, y sobre otros obstáculos. No aplique silicona entre las uniones de las piezas. Pinte la fachada siguiendo las instrucciones al principio de la página 230.

Acabado de paredes con cemento

La idea de levantar rocas pesadas, o de mezclar tanda tras tanda de cemento, quizás no es la más atractiva para quienes nunca han trabajado con proyectos de albañilería. Pero este tipo de labor no es tan difícil como parece. En realidad, agregar una roca o un ladrillo aquí y allá sobre la fachada de la vivienda, es todo lo que necesita hacer para darle a la estructura la apariencia encantadora, y sin mucho esfuerzo de su parte. Sin embargo, aunque cubrir cada pared con estuco es una intensa labor, y debería dejar el trabajo para los profesionales, no tenga miedo de intentar hacerlo por sí mismo. Teniendo a la mano apenas unas pocas herramientas para albañilería, y posiblemente alquilando una mezcladora de cemento, será todo lo que necesite para realizar el trabajo. El siguiente capítulo le mostrará paso a paso el proceso para llevar a cabo cinco proyectos diferentes de albañilería; uno de ellos no requiere de utilizar cemento.

Así como con cualquier proyecto de techado o fachada, debe preparar las paredes correctamente antes de iniciar la labor. Aplicar la envoltura correcta a la vivienda, instalar las láminas adecuadas contra la humedad, y reforzar la estructura si es necesario, darán la pauta en cuanto a la calidad y la duración del proyecto final, y la capacidad para soportar el paso del tiempo.

En este capítulo:

- Herramientas y materiales para albañilería
- Ladrillos
- Chapado de piedra
- Chapado de ladrillo sin cemento
- Estuco
- Cemento para adherencia sobre superficies

Herramientas y materiales para albañilería

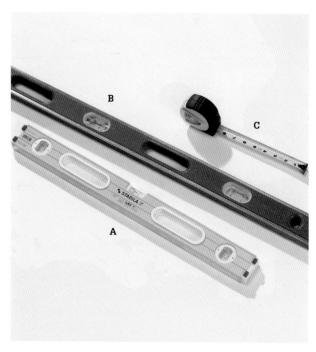

Entre las herramientas para preparar los sitios de trabajo, e instalar y nivelar estructuras de concreto, se incluyen un nivel de 2 pies (A), de 4 pies (B), y cinta métrica (C).

Otras herramientas útiles incluyen una cuerda con tiza (A), una escuadra de carpintero (B), un localizador de vigas (C), y un nivel láser (D).

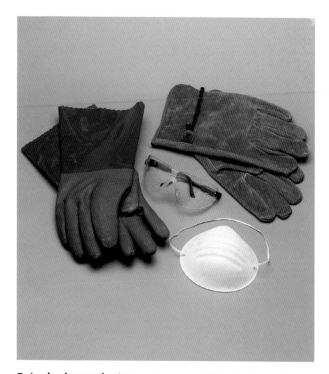

Entre las herramientas y equipo de seguridad se incluyen: Máscaras para respiración, guantes, gafas de seguridad, y botas largas de caucho. Siempre use gafas protectoras al trabajar con concreto seco o mezclado. Las mezclas son altamente alcalinas y pueden quemar los ojos y la piel.

Entre las herramientas de mezclado y vertido se incluyen: Un azadón y una caja para mezclar pequeñas cantidades de concreto; una manguera para jardín y un balde para medir y transportar agua; y una mezcladora mecánica para mezclar cantidades medianas de concreto.

Usar las herramientas correctas para los proyectos de albañilería facilitará la labor y le ahorrará cantidad de tiempo. Estas son las herramientas más comunes para trabajos con ladrillo, piedra o estuco: bolsa para cemento (A) para crear líneas de cemento y lechada; herramienta para darle forma a las esquinas interiores de concreto (B); herramienta para darle forma a las esquinas exteriores de concreto (C); escobilla pequeña (D) para aplicar diferentes acabados y texturas sobre el concreto; paleta (E) para sostener el cemento mientras se instala ladrillo, bloques o piedras; fraguador de madera (F) para la aplicación de látex o estuco; accesorio para acabados de uniones de cemento (G, H, I, J) entre ladrillos, piedras o bloques. Están disponibles en variedad de tamaños para diferentes terminados; alicates de boca ancha (K) para cortar piedras; tijeras para cortar mallas de metal (L); herramienta para formar canales (M) en placas de cemento o en peldaños de escaleras; llana esquinera (N) para formar bordes de concreto; martillo de albañil (O) para asentar o cortar bloques, ladrillos o piedras; palustre para albañilería (P) para mezclar y aplicar cemento; mazo manual (Q) para romper placas de concreto o sentar piedras sobre el concreto; palustre de punta cuadrada (R) para presionar el cemento sobre la malla.

Ladrillos

Un chapado en ladrillo es en esencia una pared de ladrillo construida alrededor de una pared exterior de la vivienda. Es conectada a la casa por medio de amarres de metal y sostenida con un soporte de metal desde el cimiento. Se recomienda usar ladrillos tamaño "queen" porque son más delgados que los ladrillos estándar para construcción. Esto significa que las paredes tendrán que sostener menos peso. Sin embargo, los ladrillos de chapado son pesados, y debe consultar con su inspector local sobre códigos y normas para este tipo de construcción. En este ejemplo, el ladrillo de enchape es instalado sobre el cimiento de las paredes, y paredes laterales, hasta la parte inferior del marco de la ventana en el primer piso de la casa. Los acabados de cubierta de la pared se quitan en estas áreas antes de instalar el ladrillo.

Construya una vara de medición antes de instalar los ladrillos para poder revisar el trabajo a medida que construye la pared, y para mantener la distancia y espesor de las uniones consistentes. En este proyecto se usó una distancia estándar de ⅜".

Herramientas y materiales ▸

Martillo
Sierra circular
Escuadra combinada
Nivel
Taladro con broca
  para concreto
Juego de llaves
  para tornillos
Pistola para grapas
Palustre / Azadón
Caja para mezclar
Cincel / Mazo
Madera presurizada
  de 2 × 4
Tornillos de cabeza
  cuadrada de
  ⅜ × 4" y arandelas
Madero de 2 × 2
Anclas de lámina
  de metal

Ángulos de hierro
  para los soportes
  de metal
Rollo de tela
  impermeable
  PVC 30 mil
Metal corrugado
  para el amarre
  de paredes
Ladrillo para
  extensiones
Madera para
  extensiones
Cemento tipo N
Ladrillos
Lazo de algodón de
  ⅜" de diámetro

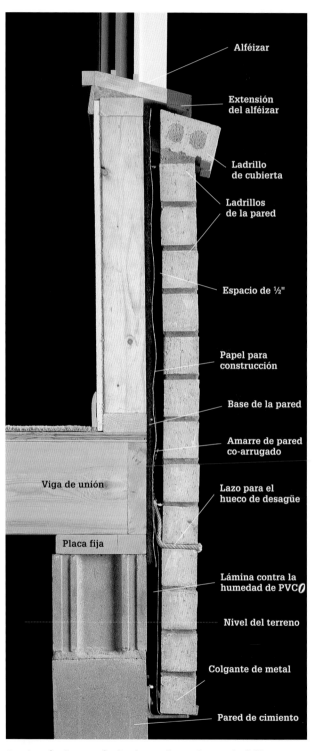

Alféizar
Extensión del alféizar
Ladrillo de cubierta
Ladrillos de la pared
Espacio de ½"
Papel para construcción
Base de la pared
Amarre de pared co-arrugado
Lazo para el hueco de desagüe
Lámina contra la humedad de PVC
Nivel del terreno
Colgante de metal
Pared de cimiento

Viga de unión
Placa fija

Anatomía de una fachada enchapada con ladrillo: Los ladrillos tamaño "queen" son instalados sobre un soporte de metal o concreto, y conectados al cimiento y paredes con amarres de metal. Los ladrillos de cubierta se cortan para que continúen con el declive del alféizar, y descansen sobre el borde de la última hilera de ladrillos.

Cómo instalar una fachada de ladrillo

1

Extensión del alféizar

Quite todo el material que cubre la pared en el área donde va a instalar el chapado. Antes de comenzar a trabajar, corte una extensión del alféizar de un madero presurizado de 2 × 4. Coloque la extensión sobre el alféizar en forma temporal.

2

Marca superior de la hilera de ladrillo

Corte los ladrillos siguiendo el declive del alféizar y sobrepóngalos 2" sobre la hilera. Coloque la hilera de ladrillos debajo de la extensión del alféizar. Use la escuadra combinada o un nivel para transferir la medida del punto más bajo del ladrillo sobre la base de la pared (marcando la altura para la hilera superior de ladrillos). Use un nivel para extender la línea de marca. Quite el alféizar de extensión.

3

Vara de medición

Marca del borde superior de la hilera

Nivel del piso

Construya una vara de medición lo suficientemente larga para sobrepasar la altura del chapado a construir. Marque la vara con espacios de ⅜" entre ladrillos. Excave una zanja de 12" de ancha por 12" de profundidad al lado de la pared. Coloque la vara para que la marca superior sobre la base de la pared se alinee con la medida del ladrillo superior en la vara. Marque la primera hilera sobre la pared más abajo del nivel del piso.

4

Extienda la marca para la primera hilera sobre la pared de cimiento usando un nivel como guía. Mida el espesor del metal de soporte (por lo general ¼") y perfore huecos guía para clavar puntillas 10d en el cimiento, cada 16" de distancia a lo largo de la línea de la primera hilera, dejando espacio para el metal. Clave las puntillas para dar soporte temporal al metal.

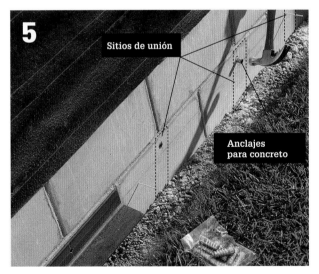

5

Sitios de unión

Anclajes para concreto

Coloque la lámina de metal sobre los soportes provisionales. Marque el sitio central de unión de cada bloque sobre la cara vertical del metal. Quite el metal y abra huecos de ⅜" de diámetro para clavar tornillos de cabeza cuadrada en esas marcas. Coloque el metal sobre las puntillas provisionales y marque los huecos sobre los bloques. Quite el metal y perfore los huecos en los bloques para colocar los anclajes para cemento en la base. Use una broca para concreto. Introduzca los anclajes.

(continúa)

Coloque el metal de soporte con los huecos alineados con los anclajes de concreto. Clave el metal al cimiento de la pared con tornillos de cabeza cuadrada de ⅜ × 4" y arandelas. Deje ¹⁄₁₆" de espacio en la unión del metal. Quite las puntillas de soporte temporal.

Unión de expansión

Después de colocar todas las secciones de metal, instale papel contra la humedad PVC 30 mil por encima de la pared de cimiento y clávelo con grapas. Sobreponga el papel sobre el metal.

Ensaye instalando la primera hilera sobre el soporte de metal. Comience desde las esquinas. Use separadores para marcar el espacio entre ladrillos. Quizás tenga que cortar la última pieza de la hilera (ver la página 160). También puede instalar la hilera en un patrón intercalado que utiliza ladrillos cortados.

½ a 1" de espacio entre el papel de construcción y el chapado

⅜" de espacio máximo sobresalido del metal

Construya en las esquinas dos hileras sobre el nivel del piso, luego conecte bloques de línea y cuerdas de medición en los ladrillos extremos. Instale los ladrillos internos alineados con las cuerdas. Suavice las uniones de cemento que ya están firmes cada 30 minutos.

Instale otra tira de papel contra la humedad PVC sobre la pared cubriendo la hilera superior de ladrillos, luego pegue papel de construcción sobre la pared usando grapas y sobrepasando el borde superior del papel PVC al menos 12". Marque la localización de las vigas sobre el papel de construcción.

Use la vara de medición para marcar el borde superior de cada cinco hileras de ladrillos. Clave amarres de pared de metal corrugado sobre la base de la pared donde las marcas de los ladrillos se encuentran con las marcas de las vigas.

Construya la siguiente hilera de ladrillos aplicando la mezcla sobre el papel PVC. Inserte un lazo de algodón de 10" de largo × ⅜" de diámetro cada tercera unión de ladrillos para que se extienda a lo largo de la unión. Así creará un agujero para el desagüe. Introduzca los amarres de metal en la mezcla aplicada en esta hilera.

Adicione más hileras comenzando desde las esquinas. Introduzca los amarres de pared en la mezcla a medida que los encuentra. Use bloques de línea y cuerdas de medición para verificar que todo está alineado, y verificar con frecuencia usando un nivel para que todo el chapado esté a plomo.

Aplique una capa de cemento de ½" de espesor sobre la última hilera, e instale los últimos ladrillos de cubierta con el lado cortado contra la pared. Eche una capa de cemento sobre la cara inferior de cada ladrillo y presiónelo contra el papel, dejando el borde superior en la misma inclinación del alféizar de la ventana.

Moldura de extensión para el alféizar

Clave con puntillas la moldura de extensión (ver paso 1 en la página 157) para el alféizar. Clave las molduras sobre la pared para cubrir cualquier espacio dejado entre los ladrillos y la pared. Llene las hileras de ladrillos de cubierta con cemento, y aplique silicona en cualquier vacío dejado alrededor del chapado.

Cortar ladrillos y bloques ▶

CÓMO MARCAR Y CORTAR LADRILLOS

Marque los cuatro lados del ladrillo con un cincel y un mazo cuando los cortes se van a hacer sobre el área firme y no sobre el núcleo de la pieza. Martille el cincel para dejar marcas de ⅛ a ¼" de profundidad, luego dé un golpe más severo sosteniendo el cincel con firmeza para partir el ladrillo. Los ladrillos marcados correctamente se cortarán con un golpe final certero.

Opción: Cuando necesite cortar varios ladrillos en forma uniforme y rápida, use una sierra circular con un disco apropiado para este material para hacer las marcas, luego haga los cortes finales individuales con un cincel. Prénselos con seguridad al final de las puntas comprobando que queden bien alineados. Recuerde: siempre use gafas protectoras cuando use herramientas para marcar o cortar, así como una máscara o respirador para protegerse del polvo.

CÓMO CORTAR UN LADRILLO EN ÁNGULO

Marque la línea final de corte sobre el ladrillo. Para evitar arruinar la pieza, necesitará hacer cortes graduales hasta llegar a la línea. Marque una línea derecha para el primer corte sobre el área de desecho a más o menos ⅛" de distancia del punto de corte inicial, en forma perpendicular al borde del ladrillo. Haga el primer corte.

Punto de giro

Marcas de cortado

Mantenga el cincel con firmeza sobre el sitio del primer corte, girándolo un poco, luego marque y corte de nuevo. Es importante mantener el punto de giro del cincel en el borde del ladrillo. Repita la acción hasta remover toda el área que va a descartar.

Chapado de piedra

Si desea un acabado de piedra en su casa, pero sin el trabajo que requiere cortar y mover piezas pesadas, este material de chapado es el ideal. Existen dos clases de chapados disponibles. Uno es la piedra natural cortada en piezas delgadas diseñadas para terminar paredes, núcleos, y otras superficies. La otra es el concreto que ha sido moldeado y pintado para lucir como piedra natural, pero es más liviano y más fácil de aplicar sobre estas superficies.

Sin importar si utiliza chapado natural o artificial, debe mojar cada piedra y aplicar mezcla a la parte trasera antes de presionarlas contra la pared de cemento. La acción de mojar y untar cemento a las piedras da como resultado una máxima adherencia contra las paredes. El trabajo está en combinar las piezas para que las grandes y pequeñas, así como las de diferentes formas y tonos, se alternen a lo largo de toda la pared.

Este proyecto ha sido diseñado para instalar chapado de piedra sobre paredes de madera de contrachapado, las cuales tienen la fortaleza necesaria para soportar el peso de capas de papel, de la malla y las piedras. Si sus paredes están cubiertas con fibra de madera, u otro tipo de base, pida las recomendaciones del caso al fabricante del chapado. En este proyecto utilizamos materiales suministrados por Cultured Stone Corporation (ver la página de recursos).

Herramientas y materiales ▶

Martillo o pistola
  para puntillas
Taladro
Carretilla
Azadón
Palustre de
  punta cuadrada
Sierra circular
Alicates de boca
  ancha o martillo
  de albañil
Máscara contra
  el polvo
Nivel
Herramienta para
  los bordes
Bolsa para
  el cemento
Botella para rociar

Escobilla de
  cerdas duras
Cemento tipo M
Tintura para cemento
  (opcional)
Malla expandible de
  metal galvanizada
Puntillas galvanizadas
  para techo de 1½"
  (mínimo) o grapas
  para trabajo pesado
Madero de 2 × 4
Papel de
  construcción #15

Determine la cantidad de pies cuadrados de piedra requeridos en su proyecto multiplicando el largo por la altura del área. Sustraiga los pies cuadrados de las ventanas, puertas y piezas esquineras. Un pie lineal de piezas esquineras cubre aproximadamente ¾ de un pie cuadrado de un área plana, y por lo tanto puede reducir los pies cuadrados de una piedra plana requerida ¾ de pie cuadrado por cada pie lineal al interior o exterior de la esquina. Es mejor incrementar el cálculo del material de un 5 a 10 por ciento para tener en cuenta los cortes y desperdicio.

Cómo terminar paredes con chapado de piedra

Cubra las paredes con papel de construcción sobreponiendo los bordes 4". Clave la malla con puntillas o grapas cada 6" sobre las vigas de la pared y en medio de ellas. Las puntillas o grapas deben penetrar 1" dentro de las vigas. El papel y la malla deben extenderse alrededor de las esquinas por lo menos 16" donde va a ser instalado el chapado.

Clave un madero de 2 × 4 a nivel contra el cimiento como un soporte provisional para mantener el borde inferior del chapado a 4" sobre el nivel del suelo. El espacio entre la hilera inferior y el suelo reducirá las manchas sobre la piedra causadas por plantas o tierra.

Despliegue las piezas sobre el suelo para seleccionar los tamaños, formas y colores para crear un buen contraste sobre toda la pared. Alterne piedras grandes y pequeñas, de textura burda y lisa, y de diferente espesor.

Mezcle una tanda de cemento tipo M que sea firme y que a su vez conserve la humedad. La mezcla muy húmeda o muy seca no es apropiada y puede no adherirse correctamente.

(continúa)

Use un palustre de punta cuadrada para presionar capas de mezcla de ½ a ¾" sobre la malla. Para evitar que la mezcla se endurezca rápidamente, trabaje en áreas de 5 pies². Cuando tenga un poco de práctica podrá trabajar sobre áreas más grandes. *Consejo: Agregue pequeñas cantidades de agua para suavizar la mezcla que se está endureciendo.*

Instale primero las piezas esquineras alternando tamaños grandes y pequeños. Moje cada pieza y presiónela firmemente sobre el cemento fresco en la pared hasta que se rebose un poco. Las uniones entre las piedras no deben ser más anchas de ½", y deben permanecer consistentes a lo largo de la pared.

Después que haya colocado las piedras esquineras, comience a trabajar hacia el centro de la pared.

Si la mezcla mancha las piedras, use una escobilla o un cepillo de cerdas suaves para limpiarlas después que el cemento haya empezado a secarse. Nunca use un cepillo de cerdas de metal o una brocha mojada.

Use alicates de boca ancha o un martillo para cortar y emparejar las piezas al tamaño correcto. Trate de no hacer muchos cortes para mantener las piedras en su estado natural.

Puede esconder los bordes cortados que queden a la vista girando las piedras. Si el borde todavía queda visible, cúbralo con cemento. Deje secar la mezcla 24 horas y luego remueva los maderos de 2 × 4 y las estacas. Evite mover las piedras.

Después que la pared quede cubierta con el chapado, llene las uniones usando una bolsa para la mezcla para empujar el cemento. Hágalo con cuidado para no esparcir el cemento. Puede usar cemento con tintura para decorar el chapado.

Cuando la mezcla esté firme, use una herramienta especial para suavizar las uniones. Después que esté seco al tacto, use una escobilla para remover el cemento suelto —el agua o los químicos pueden dejar manchas permanentes—.

Chapado de ladrillo sin cemento

Ahora existe un producto similar en apariencia y durabilidad al ladrillo convencional, y su instalación es tan fácil como cualquier otro material de cubierta para las paredes. Estos sistemas de chapado sin cemento utiliza hileras de ladrillos para crear una diferente apariencia sobre fachadas de madera, metal o concreto. La mejor propiedad de este material es su alta durabilidad —los fabricantes garantizan el producto hasta por 50 años—. Debido a que no requiere de cemento, su instalación es fácil y está al alcance de todos aquellos que deseen ensayar el producto.

Los chapados de ladrillo vienen en dimensiones de 3 y 4" de altura, y 8 ó 9" de largo, dependiendo del fabricante. Su peso es aproximadamente 5 libras y agregan 3¼" al ancho del frente de la pared. Aún cuando puede ser instalado tanto en construcciones nuevas como en remodelaciones, su aplicación es restringida debido al peso agregado del material: hasta 30 pies de altura en paredes estándar con estructura de madera. Consulte con un constructor profesional o con un ingeniero de estructuras en el caso de paredes de mayor altura, así como en secciones de la pared arriba de los techos.

Antes de llevar a cabo la instalación, asegúrese que la pared sea sólida y que la casa tenga el aislante apropiado. Alargue las conexiones eléctricas, de plomería, las cajas y los medidores, para dar cabida al espesor creado por la instalación del ladrillo y canales.

Las siguientes páginas muestran la instalación de un chapado de ladrillo sobre paredes estándar de madera. Todas las aberturas requieren de un refuerzo de dinteles de madera de contrachapado de ¾". El tamaño del dintel es determinado por el ancho de la abertura y el método de instalación del ladrillo sobre la misma (aquí se muestra una instalación tipo "soldado"). Contacte al fabricante o distribuidor para lo relacionado con el tamaño del dintel, así como para la instalación del chapado de ladrillo en otro tipo de diseños de los marcos de paredes.

Herramientas y materiales ▸

Cinta métrica
Cuerda de tiza
Nivel de 4 pies
Navaja / Sierra circular
Sierra de mesa con
   disco de diamante
   para concreto o para
   cortar en mojado
Taladro hidráulico con
   brocas para concreto
Taladro manual con
   varias brocas
Maceta de caucho
Pistola para silicona
Guantes de trabajo
Gafas de seguridad
Máscara para el polvo
Madera de
   contrachapado de ¾"
Tapón para los oídos

Tiras de canales
Lámina contra humedad
Membrana auto-adhesiva
   contra agua
   (1 × 3, 1 × 4, 1 × 6)
Retazo de madera 2 × 4
Tornillos para madera
   contra al óxido
   (#10 × 2½", #10 × 4")
Piezas esquineras
   internas
Tiras iniciales
Ladrillos de chapado
Bloques esquineros
   externos / internos
Bloque para el alféizar
Adhesivo de construcción
Silicona para uso exterior

El chapado de ladrillo sin cemento se adhiere a las paredes de la vivienda por medio de ensambles mecánicos. De esta forma puede lograr un acabado similar al ladrillo sin utilizar ningún tipo de cemento.

Consejos para instalar chapado de ladrillo sobre las paredes

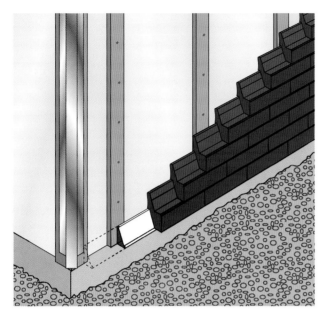

El ladrillo de chapado es apilado en hileras y con las uniones intercaladas en forma similar a los ladrillos tradicionales. La primera hilera del sistema es instalada sobre una lámina inicial y sujetada con tornillos resistentes a la corrosión clavados a las canales de 1 × 3 sobre cada viga de la pared. Luego los ladrillos se aseguran cada cuatro hileras. En las esquinas externas, una tira especial es ajustada a las tiras de canales de 1 × 4. Los bloques de las esquinas internas y externas se aseguran con tornillos y adhesivo para construcción.

Antes de instalar el chapado de ladrillo compruebe que todas las aberturas estén selladas correctamente. Para lograr mejores resultados, utilice una membrana auto-adhesiva a prueba de agua. Instale primero la tira inferior y luego las laterales para que traslapen la inferior. Coloque la tira superior traslapando las laterales. Instale canales de desagüe en los bordes cuando sea apropiado.

Corte los ladrillos con una sierra de mesa usando un disco de diamante, o una sierra para cortar concreto sobre mojado. Protéjase usando gafas, guantes de trabajo, tapones para los oídos y una máscara para el polvo. Ver las páginas 160 y 161 para encontrar más recomendaciones sobre cómo hacer cortes.

Abra huecos con anterioridad en los ladrillos que requieren ensamble usando un taladro hidráulico y brocas para concreto de ³⁄₁₆". Coloque el ladrillo boca arriba sobre el piso y asegúrelo con el pie. Perfore a través de la muesca en la porción superior del ladrillo con la broca sostenida a 90° del suelo.

Cómo instalar chapado de ladrillo sin cemento

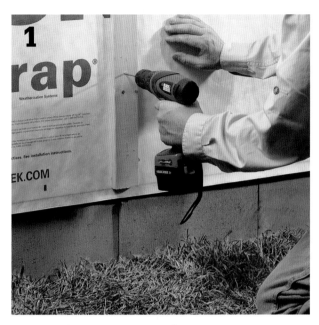

Haga una marca con una cuerda con tiza sobre cada pared de la casa a ¾" de altura sobre el cimiento. Alinee la parte inferior de las tiras de canales sobre la línea marcada. Clave las tiras de 1 × 3 a las vigas de la pared con tornillos para madera resistentes a la corrosión #10 × 2½". Instale tiras de 1 × 4 en las esquinas exteriores, y 1 × 6 en las interiores.

En cada abertura corte un dintel de contrachapado de ¾" de 15" de altura y 12" más largo que el ancho de la abertura. Centre el dintel sobre la parte superior dejando 6" salido a cada lado del marco. Clávelo a las vigas con tornillos #10. Instale la lámina de aluminio (canal) sobre el marco de la ventana, luego envuelva el dintel y el aluminio con una membrana auto-adhesiva a prueba de agua.

Coloque la primera sección de la tira esquinera en las esquinas exteriores a 2" sobre la marca de la línea con tiza. Use un nivel de 4 pies de largo para nivelar a plomo la tira, luego clávela al marco de la pared con tornillos #10 × 4" cada 10" alternando los lados.

Instale la tira inicial sobre la marca de la línea con tiza dejando la pestaña por debajo de los bordes de las canales. No sobreponga las tiras en las esquinas. En las esquinas interiores, corte la tira inicial 3½" más corta que las paredes adyacentes. Nivele la tira y asegúrela a la pared con tornillos para madera resistentes a la corrosión #10 × 4 en el lugar de cada canal.

Abra agujeros en las muescas de cada ladrillo esquinero en un ángulo de 30° usando un taladro hidráulico y una broca para concreto de ³⁄₁₆". Coloque un ladrillo como referencia sobre la tira de inicio, luego ponga el primer ladrillo esquinero abajo sobre la esquina dejándolo ½" más abajo del borde del ladrillo lateral. Asegure la pieza contra la tira con tornillos para madera #10 × 2½".

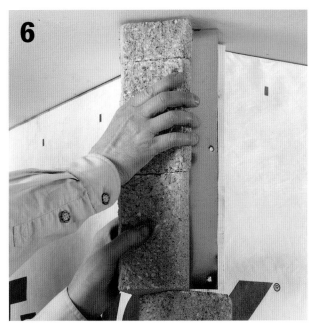

Continúe instalando los bloques esquineros con tornillos #10 × 2½" y con adhesivo para construcción entre cada hilera. Cuando llegue a la parte superior de la esquina, mida el espacio restante y corte el ladrillo a esa medida. Asegure todos los ladrillos y corte la última pieza si es necesario (ver la página 167). Asegure el último bloque sobre la esquina con adhesivo para construcción, colóquelo en su posición y clávelo con tornillos #10 × 2½".

En las esquinas interiores, abra agujeros con anticipación al interior de los bloques esquineros en un ángulo de 30°. Al igual que en las esquinas exteriores, coloque el primer bloque a ½" más abajo del borde de la primera hilera de ladrillos. Asegure la pieza contra la pared con tornillos para madera #10 × 4". Continúe instalando los bloques con tornillos #10 y con adhesivo para construcción entre cada hilera.

Para crear un mejor acabado, instale una hilera de ladrillos sobre la tira inicial que se extienda más allá del ancho de la abertura más notoria en cada pared. Coloque un ladrillo a cada lado de la abertura en la segunda hilera para que queden iguales sobre las uniones de los ladrillos por debajo. Observe hacia abajo a partir de los bordes de la abertura y ajuste la hilera completa hasta encontrar un patrón con la menor cantidad de piezas cortadas alrededor de la abertura.

(continúa)

Abra huecos con anticipación a través de los ladrillos de la primera hilera (ver la página 167). Siguiendo el patrón establecido, instale los ladrillos sobre la tira inicial. En las esquinas, corte los ladrillos a la medida (ver la página 167) para que queden ajustados contra los bloques. Instálelos con la ayuda de un madero de 2 × 4 y una maceta de caucho para mantener un nivel consistente en cada hilera.

En cada hilera de canales sostenga los ladrillos contra la pared y asegúrelos a la misma con tornillos #10 × 2½". Introduzca los tornillos hasta que la cabeza toque el ladrillo, pero no los ajuste al extremo.

Construya las hileras con ladrillos de diferentes paquetes para variar un poco el color de la pared. Instálelos con un madero de 2 × 4 y una maceta de caucho. Revise el nivel cada cuatro hileras antes de ensamblar los ladrillos al marco de la pared.

Para instalar los bloques debajo del marco de la ventana, conecte una canal horizontal de 1 × 3 debajo del marco ⅛" más larga del ancho acumulado de todos estos ladrillos. Instale los ladrillos sobre la parte superior de la canal cortándolos si es necesario y clavándolos con dos tornillos para madera #10 × 2½". Aplique adhesivo para construcción sobre la parte superior de la canal y los ladrillos.

Instale los ladrillos del alféizar inclinándolos un poco hacia el frente. Asegúrelos con tornillos para madera #10 × 4" incrustados en ángulo sobre la pared. Corte piezas de ladrillo para rellenar el espacio dejado con la última hilera. Asegúrese que las piezas se alineen con el resto de la hilera. Instálelas con adhesivo. Selle el espacio entre el marco de la ventana y el alféizar usando silicona para uso exterior.

Siga instalando los ladrillos alrededor de las aberturas a una altura no superior al ancho de un ladrillo. Corte una pieza o tira inicial a la medida correcta, alineada con la hilera a cada lado de la abertura, y asegúrela al marco de la pared con tornillos #10 × 2½". Instale una hilera de ladrillos sobre la tira inicial y conéctelos con tornillos #10.

Corte los ladrillos para la hilera estilo "soldado" y luego instálelos verticalmente cada uno con dos tornillos #10 × 2½". Para el ladrillo final, corte la porción superior y asegúrelo en su lugar con adhesivo para construcción. Para un acabado simétrico, coloque los ladrillos cortados en el centro de la hilera.

En la parte superior de las paredes, instale una canal horizontal de 1 × 3. Asegure la penúltima hilera de ladrillos a la pared con tornillos #10 × 2½", luego instale la última hilera con adhesivo para construcción. Corte muescas en los ladrillos para acomodarlos alrededor de vigas, o córtelos en ángulo en paredes inclinadas.

Estuco

Valorado por su resistencia al clima, durabilidad e interminable belleza, el estuco ha sido por años uno de los acabados para paredes exteriores más populares. En esencia, es un yeso hecho de cemento Portland, arena y agua. Pueden agregarse otros ingredientes como cal, otros tipos de cemento y aditivos para mejorar sus propiedades de resistencia contra las rajaduras, facilidad de aplicación y dureza. Con muy pocas excepciones, su aplicación es básicamente la misma como lo ha sido por siglos —una mezcla mojada aplicada en capas sobre una pared, y con una capa final con el color y textura deseado—.

Tradicionalmente tiene dos sistemas de aplicación; el de tres capas utilizado en paredes estándar con estructura de madera, y el de dos capas usado en paredes de ladrillo, concreto, o bloques de concreto. Hoy día existe otra variedad —el sistema de una sola capa— que permite acabar paredes con estructura de madera con una sola capa. Esta variedad ahorra mucho dinero, tiempo, y considerable trabajo en comparación con la variedad de tres capas. Cada uno de estos sistemas se describe en detalle en la página siguiente.

Más adelante en este capítulo encontrará una visión general de los materiales y técnicas básicas para terminar una pared con estuco. Mientras llevar a cabo un proyecto de esta magnitud en toda una casa, o hacer una considerable adición, es un trabajo para profesionales, las reparaciones pequeñas pueden ser más factibles si se tiene menos experiencia. Todos los materiales necesarios para crear el estuco están disponibles en forma pre-mezclada, y de esa forma podrá estar seguro de hacer las combinaciones correctas de ingredientes para cada aplicación (ver la página 174). Durante la etapa de preparación, consulte con su departamento de construcción local para considerar los requisitos necesarios para alistar la superficie, las regulaciones sobre resistencia al fuego, las uniones de control, y otros factores importantes.

Herramientas y materiales ▸

Tijeras para cortar latón
Grapadora / Nivel
Martillo / Azadón
Mezcladora
　de cemento
Carretilla / Paleta
Palustre de
　punta cuadrada
Llana larga o
　madero derecho
Madero para alisar
Herramientas
　para texturas
Borde de metal
　para estuco

Papel para construcción
　grado D
Grapas de trabajo pesado
Puntillas para techo
　galvanizadas de 1½"
Malla de metal galvanizado
　autoadhesiva
　(min. 2.5 libras)
Láminas contra humedad
Mezcla de estuco
　(ver la página 174)
Silicona de poliuretano de
　mínimo brotado

El estuco es uno de los materiales existentes más durables y que requieren poco mantenimiento para el acabado de las paredes, pero requiere de una correcta preparación en cada etapa de su aplicación. Por esta razón, aquellos entusiastas con poca experiencia deberían limitar el trabajo con este material y sólo aplicarlo en estructuras pequeñas o en labores de reparación.

Sistemas de estuco ▶

El estuco de tres capas es el sistema tradicional de aplicación sobre paredes con estructuras de madera y cubiertas con contrachapado, con filamento orientado (OSB), o con una espuma rígida aislante como base. Comience instalando dos capas de papel de construcción grado D para crear una barrera contra la humedad. Luego cubra la pared con una malla de metal auto expandible clavada a la pared con puntillas galvanizadas.

La primera capa de estuco, o capa de base raspada, es aplicada sobre la malla y luego suavizada a un espesor de más o menos ⅜". Luego, la capa es 'raspada', mientras está mojada, con una herramienta para crear surcos o 'dientes' de agarre para adherir la segunda capa.

La siguiente aplicación es la capa marrón de más o menos ⅜" de espesor, que producirá una superficie de ⅛ a ¼" de la densidad total. Aquí es fácil de identificar imperfecciones a través de la capa final. La superficie debe quedar suave y plana. Para crear agarre para la última capa, termine la capa marrón con una llana de madera para crear una superficie algo porosa.

La tercera capa completa el acabado. Aquí la superficie queda a ras con las molduras del estuco y crean el color y la textura decorativa. Existen muchas opciones para crear texturas sobre el estuco. La página 176 muestra varios acabados tradicionales.

El tratamiento de dos capas es estándar para paredes de concreto o cemento. Es igual al anterior pero sin la capa de raspado. La base es la capa marrón (igual a la aplicación anterior). Para mejor adherencia, la superficie de cemento o concreto debe estar limpia, sin pintar, y debe ser porosa. Puede hacer una prueba rociando la pared con agua. Si el agua se desliza o gotea, deberá aplicar una capa adhesiva antes de aplicar la capa de base. También puede instalar una malla de metal autoadhesiva sobre la pared, y luego aplicar las tres capas estándar de estuco.

El sistema de una sola capa consiste de una mano sencilla de estuco para paredes con estructuras de madera preparadas con una barrera de protección contra el agua y una malla de metal (igual que el sistema de tres capas). Este tratamiento consiste de una capa de estuco de fibra de vidrio reforzada; una fórmula especial que contiene 12" de fibra de vidrio álcali resistente, y otros aditivos para combinar elementos de alta resistencia que son aplicados con asombrosa sencillez. Este estuco es aplicado en capas de ⅜ a ⅝" de espesor usando técnicas normales. El material QUIKRETE One Coat Fiberglass Reinforced Stucco cumple con los códigos requeridos para una hora de resistencia contra el fuego sobre madera u otros sistemas.

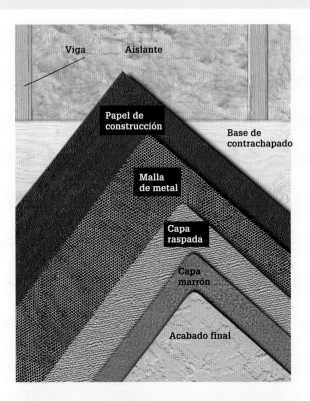

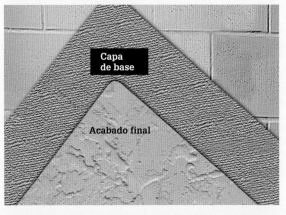

Materiales para estuco pre-mezclados ▸

Encontrar la mezcla de ingredientes ideal, y mezclarlos a la consistencia correcta, es esencial para el éxito de un proyecto de estuco. El material de estuco pre-mezclado elimina el trabajo de adivinar la cantidad a mezclar, suministrándole la perfecta mezcla en cada paquete así como las instrucciones de mezclado y curado, para lograr un trabajo con apariencia profesional.

Estuco de Capa de Base —raspado y marrón— Base de Doble Capa (Scratch & Brown Base Coat): Use este material pre-mezclado tanto para las capas de raspado o marrón del sistema de tres capas, o para la capa de base del sistema de dos capas. Puede aplicarla con un palustre o un atomizador apropiado. Está disponible en bultos de 80 libras y el color gris. Cada bulto rinde aproximadamente 0.83 pies^3 o una superficie de unos 27 pies^2 con ⅜" de espesor.

Estuco de Capa de Acabado (Finish Coat): Use este material como capa de acabado para ambos sistemas (de dos y tres capas). También puede utilizarlo para crear texturas decorativas sobre una sola capa de estuco. Aplique el material a un mínimo espesor de ⅛",y luego diseñe la textura deseada. Está disponible en tonos blanco y gris para lograr una gran variedad de colores (ver abajo). Un bulto de 80 libras cubre aproximadamente 70 pies^2 con un espesor de ⅛".

Estuco de Fibra de Vidrio Reforzada (One Coat Fiberglass Reinforced Stucco): Complete la aplicación del estuco en un solo paso utilizando esta conveniente mezcla. Está disponible en tonos blanco y gris para lograr una gran variedad de colores (ver abajo). Puede agregar textura a la superficie o aplicar una capa de Estuco de Capa de Acabado para efectos especiales de decoración. Está disponible en bultos de 80 libras y de color gris. Cada bulto cubre aproximadamente 25 pies^2 de pared con una capa de ⅜" de espesor.

Color para Estuco y Mortero (Stucco & Mortar Color): Disponible en 20 colores, este producto es un líquido colorante permanente que se echa a la mezcla de cemento antes de aplicarla. Algunos colores se utilizan con mezcla de estuco gris, y muchos otros son compatibles con la mezcla blanca. Para lograr mejores resultados, combine el colorante con agua antes de añadirlo a la mezcla seca de estuco, luego revuelva todo por completo hasta lograr una mezcla uniforme.

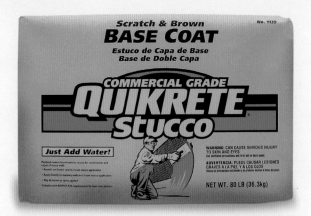

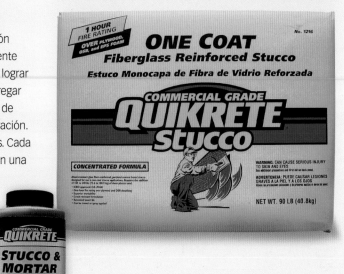

Cómo preparar las paredes para aplicar el estuco

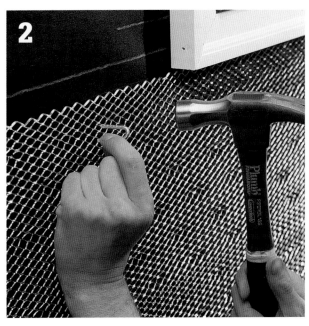

Instale el papel de construcción sobre la base de la pared usando grapas para trabajo pesado o puntillas para el techo. Sobreponga las tiras 4". A menudo se requiere o recomienda dos capas de papel. Consulte con su inspector local sobre los requerimientos en su localidad.

Instale la malla auto expandible de metal sobre el papel usando puntillas para el techo de 1½" (no use puntillas de aluminio). Clávelas en las vigas cada 6" de distancia. Traslape la malla o el papel 1" en forma horizontal y 2" en forma vertical. Instale la malla con la cara burda hacia afuera.

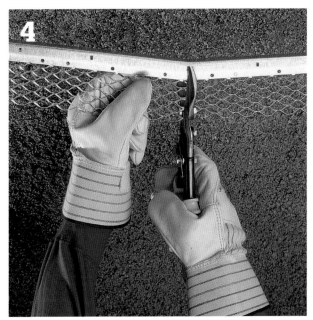

Instale bordes de metal a lo largo de las esquinas verticales de las paredes para un mejor acabado. Instale esquineras sobre las áreas cubiertas con estuco y una tira de madera guía sobre los bordes inferiores a medida que lo necesite. Compruebe que los bordeas estén nivelados y a plomo y clávelo con puntillas galvanizadas para techo. Instale lámina contra la humedad sobre puertas y ventanas si se requiere.

Use tijeras para cortar metal para emparejar los sobrantes de la malla, o para ajustar los bordes al tamaño correcto. El borde de la malla puede ser cortante y siempre debe usar guantes cuando trabaje con este material.

Cómo acabar paredes con estuco

Para el sistema de tres capas, haga una mezcla consistente y aplíquela de abajo hacia arriba con un palustre de punta cuadrada. Presione la mezcla sobre la malla y luego distribúyala con suavidad sobre la superficie para lograr un espesor uniforme. Cuando la mezcla se haya compactado lo suficiente para resistir la presión del dedo, ráspela con la herramienta adecuada abriendo canales de ⅛" de profundidad.

Después de curar la superficie mojada por 48 horas, mezcle estuco para la capa marrón (o estuco de base para el sistema de dos capas) y aplique una capa de ⅜" de espesor. Use un madero derecho o una llana larga para dejar la superficie plana y pareja. Cuando el estuco haya perdido el brillo, pase una llana de madera para raspar la superficie. Cure la capa con agua por 48 horas como lo indican las instrucciones.

Variación: Para echar una sola capa de estuco, mézclelo y aplíquelo a ⅜" de espesor. Échelo de abajo hacia arriba y presiónelo con fuerza al interior de la malla. Suavice la superficie con un madero derecho o una llana plana. Cuando el brillo haya desaparecido, finalice la superficie agregando textura si lo desea. Cure la mezcla según las instrucciones. Selle las uniones alrededor de los elementos de la pared con silicona de poliuretano.

Mezcle la capa de acabado y aplíquela a ⅛" mínimo de espesor. Trabaje de abajo hacia arriba. Complete las secciones grandes o la pared completa a la vez para mantener consistencia en el color. Aplique la textura deseada. Cure la mezcla según las instrucciones. Selle las uniones alrededor de los elementos de la pared con silicona de poliuretano.

Cómo finalizar el estuco

Haga pruebas de color sobre el estuco agregando proporciones diferentes de colorante y mezcla. Deje secar las muestras para tener una indicación correcta del color. Cuando aplique la mezcla en tandas, mantenga las mismas proporciones cuando las esté combinando.

Mezcle la tanda final con un poco más de agua que las capas de la base de raspado y marrón. La mezcla debe permanecer sobre la paleta sin derramarse.

Opción de acabado: Cubra la llana con un trozo de alfombra para lograr un acabado ideal. Ensaye en un área pequeña.

Opción de acabado: Logre un acabado poroso arrojando el estuco sobre la superficie. Deje secar el estuco sin tocarlo.

Opción de acabado: Para un acabado con textura de llana, salpique la superficie con estuco usando una escobilla (foto izquierda), y luego aplánelo con la llana.

Cemento para adherencia sobre superficies

Este material tiene una composición similar al estuco y puede ser usado para cubrir las paredes de bloques de concreto u hormigón. También adiciona fortaleza, durabilidad e impermeabiliza las paredes.

La diferencia entre este tipo de material y el estuco, es la adición de fibra de vidrio a la mezcla de cemento común "Portland" y arena. La mezcla seca es combinada con agua y fortificante de acrílico para formar una masa de cemento que puede adherirse al concreto, ladrillo o bloque, para dar un acabado atractivo y resistente al agua.

Antes de aplicar el cemento la superficie debe estar completamente limpia, y sin sobrantes de cemento, para formar una capa durable. Debido a que su secado es rápido, es necesario rociar el bloque o concreto con agua para demorar un poco el secado. Al igual que en otros trabajos con cemento, debe rociar aún más la superficie en climas muy secos.

Este cemento de adherencia puede ser usado sobre paredes construidas con o sin cemento, y en las que sostienen o no soportan cargas. No es recomendado para paredes más altas de 15 hileras de bloques.

Herramientas y materiales ›

Manguera con un ensamble para rociar
Balde / Carretilla
Paleta para la mezcla
Palustre de punta cuadrada
Pistola para silicona

Accesorio para abrir ranuras
Cemento de adherencia
Concreto fortificante con acrílico
Tintura (opcional)
Masilla de silicona

Mezcle tandas pequeñas de cemento para superficies secas con agua y cemento acrílico fortificado siguiendo las instrucciones del fabricante. Mezcle lo que crea que puede aplicar antes que se endurezca. El acelerante en el cemento hace que la mezcla se endurezca con rapidez —entre 30 a 90 minutos— según las condiciones del clima. Puede adherir tintura al cemento antes de aplicarlo.

Cómo acabar paredes con cemento sobre la superficie

1

2

Rocíe un área de 2 × 5 con agua, comenzando cerca de la parte superior y a un lado de la pared, para evitar que los bloques absorban la humedad del cemento después que se ha aplicado la capa.

Mezcle el cemento en pequeñas tandas siguiendo las instrucciones del fabricante. Aplique una capa de cemento de ¹⁄₁₆ a ⅛" de espesor con un palustre de punta cuadrada sobre los bloques mojados. Esparza la mezcla en forma pareja inclinando el palustre un poco y haciendo movimientos largos y hacia arriba.

3

4

Utilice una llana mojada para suavizar la superficie y crear la textura deseada. Lave la llana con frecuencia para mantenerla limpia y mojada.

Use una llana con un accesorio para crear uniones de control y así prevenir grietas posteriores. En las paredes de 2 pies de altura, haga las ranuras de arriba hacia abajo cada 4 pies, y cada 8 pies en paredes de 4 pies de altura. Selle las ranuras con masilla de silicona.

Instalación de molduras y detalles exteriores

Los proyectos de fachadas o techados por lo general incluyen la instalación de detalles tales como conductos de ventilación, drenaje, o molduras. La reconstrucción de un techado es la perfecta oportunidad para agregar más conductos de calefacción para mejorar la ventilación del ático. Las fachadas renovadas lucirán mucho mejor si las complementa con nuevas cubiertas de aluminio que jueguen con el color original. Antes de iniciar el trabajo, considere la posibilidad de enmarcar los bordes frontales con aleros. Quizás ahora puede cambiar el sistema de canales, terminar las cornisas y hastiales con molduras de madera, o instalar algunos postigos decorativos. En este capítulo se tratarán estos tipos de detalles. Podría parecer como si nos alejáramos del tema hasta ahora tratado en las páginas anteriores, pero estos detalles le darán a sus valiosos proyectos el acabado que se merecen.

En este capítulo:

- Aleros y conductos de ventilación
- Aleros de aluminio
- Molduras de aluminio para el techo
- Aleros de madera
- Nuevos conductos de ventilación
- Canales de vinilo
- Canales sin uniones
- Cubiertas de postes y vigas
- Terminar cornisas y hastiales
- Molduras de transición
- Molduras decorativas
- Postigos decorativos

Aleros y conductos de ventilación

Un sistema de ventilación efectivo balancea las temperaturas en ambos lados del techo. Esto ayuda a mantener la vivienda fresca durante el verano y evita la formación de capas de hielo en los bordes del techo en climas fríos.

Una solución para incrementar la ventilación en el techo es instalar más conductos similares a los ya existentes. Pero, si va a realizar una remodelación completa del techo, considere reemplazar todos los conductos por un sistema de ventilación continuo de caballete (ver las páginas 86 y 87). Puede incrementar la entrada de ventilación agregando más conductos en los aleros. Si va a cambiar los aleros existentes por unos de material de aluminio, instale paneles de ventilación que permiten la entrada de aire (ver las páginas 184 a 186).

Establecer la ventilación requerida

Mida el espacio del piso del ático para determinar cuánta ventilación necesita. Deberá tener 1 pie^2 de entrada y salida de ventilación por cada 300 pies^2 de espacio en el ático sin calefacción.

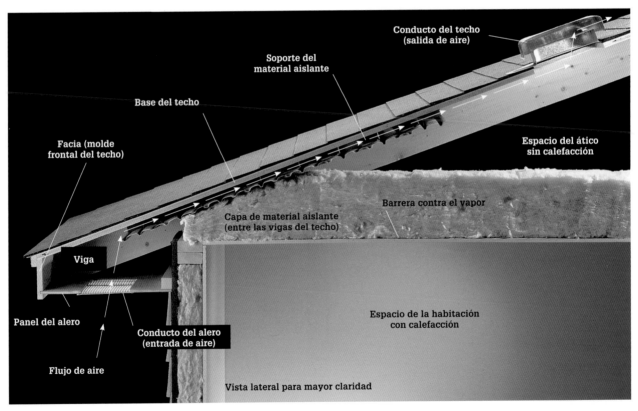

Conducto del techo
(salida de aire)

Soporte del
material aislante

Base del techo

Facia (molde
frontal del techo)

Espacio del ático
sin calefacción

Barrera contra el vapor

Capa de material aislante
(entre las vigas del techo)

Viga

Espacio de la habitación
con calefacción

Panel del alero

Conducto del alero
(entrada de aire)

Flujo de aire

Vista lateral para mayor claridad

El suficiente flujo de aire evita la acumulación de calor en el ático, y ayuda a proteger el techo de daños causados por condensación o hielo. Un sistema común de ventilación tiene conductos en el ático que permiten la entrada de aire fresco, el cual fluye hacia arriba por debajo de la base del techo y sale a través de los conductos sobre el caballete.

Clases de conductos de ventilación

Los conductos en aleros se instalan para incrementar el flujo de aire en los áticos en casas con un sistema cerrado de aleros.

Los sistemas de conductos continuos en aleros proveen flujo de aire uniforme en los áticos. Se instalan por lo general durante la construcción de la casa, pero pueden adicionarse luego a los aleros sin ventilación.

Los conductos sobre el techo pueden instalarse cerca del caballete cuando necesite incrementar la salida de aire. Los sistemas prefabricados son fáciles de instalar y no tienen partes mecánicas que puedan averiarse.

Los paneles de conductos en aleros son usados con aleros de aluminio para permitir el flujo de aire a lo largo de los bordes del techo.

Los conductos en hastiales y buhardillas son instalados para incrementar ventilación. Vienen en varios estilos y colores para combinarse con la fachada.

Los conductos sobre el caballete crean un flujo de aire de salida uniforme porque se extienden a todo lo largo del caballete. Son casi invisibles desde el suelo y pueden instalarse en cualquier momento.

Aleros de aluminio

Los aleros anticuados pueden ser afectados y averiados por el clima, y pueden no suministrar el flujo de aire adecuado en las viviendas. Si más del 15 por ciento de los aleros de una casa necesitan ser reparados, la mejor opción es reemplazarlos. El proyecto a continuación muestra cómo remover por completo los viejos aleros y las molduras frontales (facia) y cómo instalar aleros de aluminio que no requieren de mantenimiento. Si la sub-facia se encuentra en buen estado, no necesita ser reemplazada.

El proyecto de la siguiente página describe en detalle la instalación de aleros sobre el borde frontal de un techo con vigas sobresalientes. Los aleros son instalados directamente debajo de las vigas. En caso de que no existan vigas, siga las instrucciones al principio de la página 186. Este proyecto también muestra cómo instalar aleros alrededor de las esquinas.

En ambos sistemas de bordes, una canal 'F' sirve como montura para sostener el alero por toda la casa. También puede instalarla a lo largo de la sub-facia, como lo muestra el paso 4 en la página 185, o puede clavar los aleros directamente sobre la sub-facia, como lo muestra también el paso 4 en la página 187. Clave las puntillas con las cabezas a ras de la superficie. Si las clava muy profundas, puede afectar la forma de los aleros e impedir su movimiento. Debido a que se clavarán puntillas adicionales sobre los aleros cuando se instale el molde frontal (facia), no necesita clavar cada canal en 'V' en los aleros.

Al cortar los aleros, use una sierra circular con disco de dientes finos instalado hacia atrás. No corte todos los paneles al comienzo del trabajo ya que las medidas cambiarán un poco a lo largo de la casa.

Utilice paneles con conductos para trabajar en conjunción con los conductos del ático o el techo. Esto mejora el flujo de aire debajo del techo y a su vez evita daños causados por la humedad o acumulación de hielo. Instale 1 pie^2 de conducto en los aleros por cada 150 pies^2 de espacio sin calefacción en el ático. Para crear una apariencia uniforme, coloque todas las rejillas de los conductos en la misma dirección.

Herramientas y materiales ▸

Barra de palanca
Sierra circular con
    disco de metal
    de dientes finos
    instalado al contrario
Taladro
Cinta métrica
Tijeras para
    cortar latón
Nivel
Escuadra
Paneles para el alero
Canales 'T'

Canales 'F'
Puntillas de aluminio
    para el marco de 1¼"
Puntillas comunes 16d
Tiras de clavado
Canal de borde|
Tornillos para terraza
    de 2¼"
Caja de puntillas 8d
Sub-facia (si es necesario)
    de 2 × 4, 1 × 8, ó 2 × 8

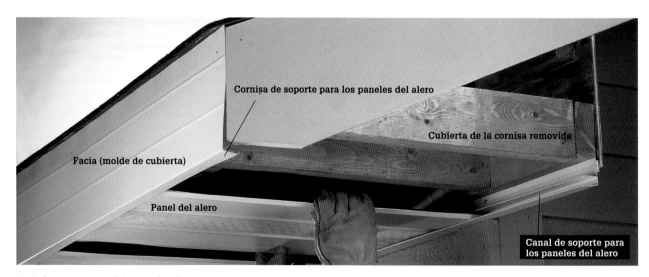

Cornisa de soporte para los paneles del alero

Facia (molde de cubierta)

Cubierta de la cornisa removida

Panel del alero

Canal de soporte para los paneles del alero

Instale un nuevo sistema de aleros si el viejo está deteriorado, o las áreas abiertas de los bordes frontales ha sido invadida por insectos. Un sistema completo de aleros consiste de paneles (con o sin conductos), y canales de soporte que sostienen los paneles al lado de la casa. La mayoría de sistemas ofrecidos en centros de materiales para construcción están hechos de aluminio.

Cómo instalar aleros de aluminio (con vigas salientes)

Remueva el molde, aleros y facia a lo largo de los bordes usando una barra de palanca. Si hay desperdicios acumulados, como nidos de pájaros, limpie toda la superficie.

Inspecciones las vigas y salientes. Reemplácelas si ya se encuentran deterioradas.

Instale una nueva sub-facia de 1 × 8 ó 2 × 8 sobre las vigas y salientes clavándolas con puntillas 16d. Instale la canal de borde sobre la parte superior de la facia. Deje un espacio de ¹⁄₁₆" entre la canal de borde y la sub-facia para darle campo a la facia.

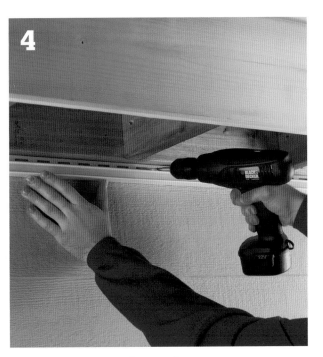

Instale canales 'F' para los paneles del alero a lo largo del borde inferior de la sub-facia y la pared externa de la casa directamente debajo de las vigas y salientes. Si necesita más de una pieza, instálelas juntas.

(continúa)

Si los paneles del alero se extienden más de 16", o si la vivienda está expuesta a vientos fuertes, adicione tiras de clavado para proporcionar más soporte.

Mida la distancia entre los canales de montura, reste ⅛", y corte los aleros a esa medida. Deslice los paneles en su lugar hasta llegar a las puntas de las monturas. Conecte los paneles a las tiras de clavado, si los ha instalado.

Instale los restantes paneles del alero cortándolos a la medida correcta. Cuando termine, instale el molde frontal (facia). Ver las páginas 188 y 189.

Cómo instalar aleros de aluminio (sin vigas salientes)

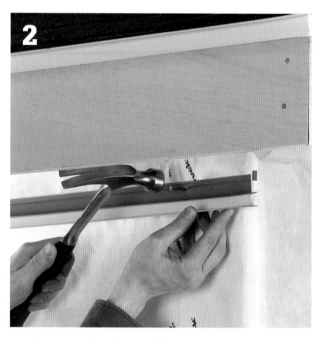

Remueva la facia y aleros viejos siguiendo el paso 1 de la página 185. Coloque un nivel sobre la parte inferior de la sub-facia nivelado a lo largo de la casa y haga una marca. Mida hacia abajo a partir de esta marca lo que equivalga al espesor de los aleros (más o menos ¼"). Repita la acción al final de cada pared. Trace una línea con cuerda de tiza entre las marcas inferiores.

Comience a colocar la canal 'F' en la esquina alineada con la marca de tiza. Clávelo sobre la pared en el sitio de las vigas usando puntillas 8d. Si necesita más de una pieza de canal, júntelas al instalarlas.

3

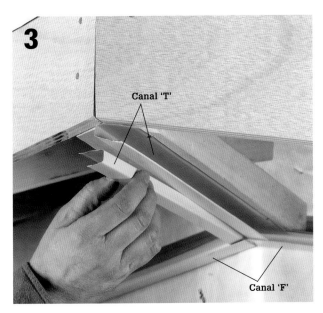

Canal 'T'

Canal 'F'

En las esquinas, corte un madero de 2 × 4 para que quepa entre la casa y la esquina interior de la sub-facia para dar soporte a la canal 'T'. Haga los cortes necesarios para ajustarlo y luego clávelo en su lugar. Cuando la canal 'T' es instalada, se alineará con la canal 'F'. Corte la canal 'T' a la medida. Instálela recostada contra el 2 × 4, colocando el borde trasero al interior de la canal 'F', y clávela.

4

DuPor

Mida entre la canal 'F' y el borde exterior de la sub-facia. Reste ¼" y corte los aleros a ese tamaño. Corte los paneles en ángulo en las esquinas para acomodar la canal 'T'. Instale el primer panel al interior de la canal. Use una escuadra para comprobar que el panel está cuadrado con la sub-facia. Clave el panel a la sub-facia sobre los surcos en 'V'. Deslice el segundo panel junto al primero. Clávelo, e instale los restantes de igual forma.

Variaciones para instalar aleros de aluminio

Las esquinas derechas se fabrican instalando la canal 'T' paralela a una de las canales 'F'. Alinee el borde exterior de la canal 'T' con el borde exterior de la canal 'F' instalada. Mantenga la canal 'T' alejada ¼" de la parte exterior de la sub-facia y clávela en su lugar. Instale los aleros en las canales.

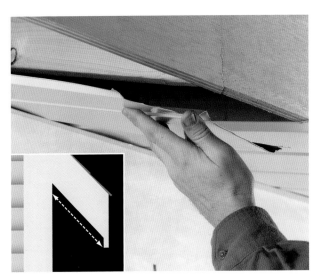

Los techos salientes inclinados permiten que los aleros corran con la misma inclinación de las vigas. En la punta de las vigas salientes, mida desde la parte inferior de la misma hasta la parte inferior de la sub-facia. Agregue el espesor de los aleros, luego mida a partir de las vigas hacia abajo sobre la pared y marque a esta distancia. Repita la acción en cada esquina de la pared. Trace una línea con la cuerda de tiza entre las marcas. Alinee la parte inferior de la canal 'F' con la línea de tiza, clávela a la pared e instale los aleros.

Molduras de aluminio para el techo

Los moldes (facia) se colocan debajo de la canal de borde y contra la sub-facia para crear una armoniosa transición entre el techo y los bordes frontales del mismo. Para su instalación, deberá desclavar temporalmente las puntillas del frente de la canal de borde para dar campo a la facia que se coloca por detrás. Si el techo no tiene canal de borde, instale la moldura de acabado, como la moldura debajo del alféizar, por encima de la sub-facia para usarla como soporte de la facia.

Si va a reemplazar el sistema de canales, quítelas primero y luego instale la facia. Si no desea quitar las canales, puede deslizar la facia por detrás dejando las canales en su lugar.

La facia es clavada a lo largo de la pestaña que cubre los aleros, y la cubierta superior es sostenida por la canal de borde. De esta forma no requiere clavarla sobre la cara frontal.

Herramientas y materiales ▸

Cinta métrica / Martillo
Tijeras para cortar latón
Cuerda de tiza

Molduras (facia)
Puntillas para moldes
  de aluminio

Las molduras (facia) son instalados sobre la sub-facia para cubrir los bordes expuestos de los aleros y mejorar la apariencia exterior de la vivienda. Las molduras son por lo general del mismo color y material de los aleros.

Cómo instalar molduras de aluminio para el techo

1

Remueva la facia antigua, si es necesario. Mida desde la parte superior de la canal de borde hasta la parte inferior de los aleros. Reste ¼". Marque la facia con una línea de tiza y córtela a esa medida con tijeras para latón. El lado cortado será cubierto por la canal de borde. *Consejo: Si la facia antigua es de madera y está en buenas condiciones, puede instalar facia de aluminio sobre ella sin necesidad de quitarla.*

2

Deslice el lado cortado de la facia por detrás de la canal de borde. Coloque la pestaña inferior sobre los aleros. La facia debe quedar ajustada contra los aleros y la sub-facia. Luego clávela a través de la pestaña sobre la sub-facia. Clave puntillas más o menos cada 16" en el sitio del surco 'V' en los aleros.

Para traslapar los paneles de moldura, corte la punta de la pestaña del primero a 1" del borde usando tijeras para cortar latón. Coloque el segundo panel sobre el primero traslapando la unión 1". Clave la facia en su lugar.

En las esquinas exteriores, corte la pestaña y el borde superior del primer panel 1" desde la punta. Instale una pieza de madera a 1" de la punta y doble el panel para formar un ángulo de 90°. Instale el panel en la esquina. Corte la pestaña del segundo panel en un ángulo de 45°. Alinee la punta de este panel con la esquina traslapando el primer panel.

En las esquinas interiores, corte y doble el primer panel hacia atrás 1" para hacer una lengüeta. Instale el panel. En el segundo, corte la pestaña en un ángulo de 45°. Deslice este panel sobre el primero ajustando la punta contra la facia adyacente. Clávelo en su lugar.

Instale los paneles del alero para cerrar el área entre la cubierta de la facia y la pared exterior (vea las páginas 184 y 185).

Aleros de madera

Los aleros de madera son por lo general usados en viviendas con fachadas de madera o fibra de cemento, y son pintados del mismo color de la fachada. La foto de la página 256 muestra cómo los aleros se relacionan con las facias y vigas. Puede usar madera en contrachapado o fabricada de compuestos para construir los aleros. La madera de compuestos tiene la ventaja por ser tratada para resistir insectos y hongos, y es más resistente al brote o contracción. El contrachapado tiene la ventaja de ser menos costoso. Si los aleros a construir tienen más de 24" de ancho, instale tiras de clavado entre paneles para sostener las uniones y mantenerlas ajustadas entre sí.

Al reemplazar aleros quizás tenga que remover la hilera superior de la fachada y las piezas de moldes debajo del alero antiguo antes de iniciar la nueva instalación. Quite las piezas con cuidado e instálelas de nuevo cuando haya acabado el trabajo con el alero.

Herramientas y materiales ▶

Martillo
Sierra circular
Nivel
Cuerda de tiza
Pistola para silicona
Brocha para pintar
Taladro
Sierra de vaivén
Contrachapado de ⅜"
Caja de puntillas 16d
Puntillas contra la corrosión 6d

Maderos de 2 × 2
Silicona de acrílico látex
Conductos
Sellador
Pintura

Los aleros de madera cubren el área de los bordes frontales entre la facia y la fachada. Los moldes pintados debajo del alero dan a la vivienda un buen acabado. Los conductos instalados a intervalos regulares juegan un papel muy importante en el sistema de ventilación de la casa.

Cómo instalar aleros de madera

Sostenga el nivel contra el borde inferior de la sub-facia y haga una marca sobre la pared. Repita la acción en el otro lado de la pared y trace una línea con tiza a lo largo de la pared.

Alinee el borde inferior de un madero de 2 × 2 sobre la línea de tiza. Clave el madero sobre las vigas con puntillas 16d.

Mida la distancia desde la pared hasta la parte externa de la sub-facia. Reste ¼", y corte los aleros a esa medida. Pinte los aleros con sellador. Si está usando madera que ha sido pre-sellada, aplique el sellador sólo sobre las puntas.

Coloque el alero contra el madero de 2 × 2 y contra la sub-facia a ⅛" de distancia del borde. Clávelo con puntillas 6d. Instale los aleros restantes dejando ⅛" de espacio entre paneles. Cubra los espacios entre aleros, y entre los aleros y la pared, con silicona. Pinte los paneles al gusto y deje secar la pintura.

Marque los puntos de los conductos en los aleros sosteniendo la cubierta en su lugar y marcándola a su alrededor. Abra los orificios iniciales en las esquinas opuestas y corte sobre las marcas con una sierra de vaivén. Instale el conducto con los accesorios apropiados. Haga lo anterior en cada sitio escogido.

Variación: Si los aleros tienen vigas salientes, no necesita instalar el madero de 2 × 2. En su lugar, clávelos directamente sobre las vigas. Corte y ensamble las uniones en el centro de las vigas.

Nuevos conductos de ventilación

Si necesita más ventilación en el ático, pero no quiere reemplazar los aleros o comprometerse en un proyecto de esa magnitud, puede agregar más conductos al alero de madera existente y al techo.

El siguiente ejemplo muestra cómo agregar conductos de ventilación para entradas de aire, y cómo adicionar conductos sobre el techo para la salida de aire. Estas adiciones incrementarán el flujo de aire debajo del techo para eliminar la acumulación de calor en el ático.

Herramientas y materiales ›

Martillo / Taladro
Barra de palanca
Cuerda de tiza
Pistola para silicona
Cinta métrica
Sierra de vaivén
Puntillas con empaque
   de caucho
Navaja

Cemento para techo
Tornillos de acero
Cubiertas para
   los conductos
Conductos
   para techo
Silicona de acrílico
Destornillador

Cómo instalar nuevos conductos en los aleros

Examine el área de los bordes frontales al interior del ático. No debe haber ninguna obstrucción de flujo de aire desde el ático. Si el material aislante está bloqueando el paso de aire, instale soportes de aislante.

Dibuje la forma de la cubierta del conducto de ventilación sobre el panel del ático. Centre el conducto entre la facia y la pared. La marca debe ser ¼" más pequeña en todos los lados que el tamaño de la cubierta.

Abra un orificio inicial, luego abra el hueco de la cubierta con una sierra de vaivén.

Aplique silicona a las pestañas de la cubierta. Atorníllela contra el panel del alero. Consejo: Para una mejor apariencia, instale las rejillas de la ventanilla apuntando en la misma dirección.

Cómo instalar conductos de ventilación sobre el techo

Marque el sitio donde va a instalar el conducto clavando una puntilla atravesando la base del techo. Centre la puntilla entre las vigas y de 16 a 24" de distancia del caballete.

Centre una cubierta del conducto sobre la puntilla desde afuera en el techo. Dibuje la forma de la cubierta sobre el techado y luego quite las tejas 2" al interior de la marca. Marque el orificio del conducto de ventilación usando la puntilla como punto central. Corte el hueco con una sierra de vaivén.

Aplique cemento de techo debajo de la pestaña de la base. Coloque la cubierta del conducto en su posición deslizando las pestañas debajo de las tejas. Céntrela sobre el orificio cortado.

Clave la cubierta de ventilación contra el techado con puntillas con empaques de caucho en todos los lados. Meta por debajo todas las tejas sueltas. No clave puntillas a través de las pestañas cuando conecte las tejas.

Canales de vinilo

Instalar una fachada de vinilo con un sistema de conexión rápida es una labor fácil aún para individuos con poca experiencia. Estos sistemas no requieren de accesorios extras para su instalación además de los tornillos básicos para colgar los soportes de las canales contra la facia del tejado.

Antes de comprar nuevas canales, haga un plan en detalle y un análisis de costos. Incluya todas las partes necesarias (no sólo las canales y bajantes). Estas piezas son sólo parte del sistema total de desagüe. Ensaye instalando las piezas en el piso antes de hacer la instalación final.

Herramientas y materiales ▸

Cuerda de tiza	Canales
Cinta métrica	Bajantes
Taladro	Conectores
Sierra de vaivén	Ajustes
Tornillos para terraza de 1¼"	Colgantes

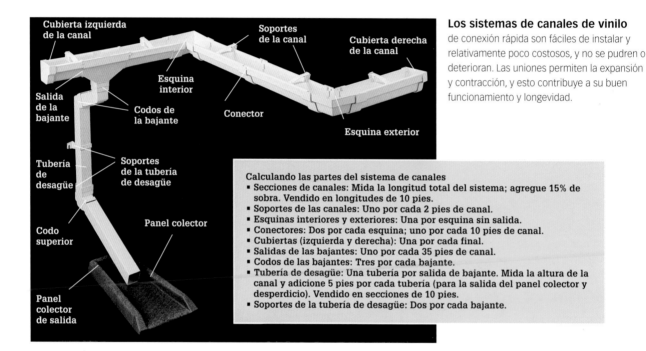

Los sistemas de canales de vinilo de conexión rápida son fáciles de instalar y relativamente poco costosos, y no se pudren o deterioran. Las uniones permiten la expansión y contracción, y esto contribuye a su buen funcionamiento y longevidad.

Diagrama de partes:
- Cubierta izquierda de la canal
- Soportes de la canal
- Cubierta derecha de la canal
- Esquina interior
- Salida de la bajante
- Codos de la bajante
- Conector
- Esquina exterior
- Tubería de desagüe
- Soportes de la tubería de desagüe
- Codo superior
- Panel colector
- Panel colector de salida

Calculando las partes del sistema de canales
- Secciones de canales: Mida la longitud total del sistema; agregue 15% de sobra. Vendido en longitudes de 10 pies.
- Soportes de las canales: Uno por cada 2 pies de canal.
- Esquinas interiores y exteriores: Una por esquina sin salida.
- Conectores: Dos por cada esquina; uno por cada 10 pies de canal.
- Cubiertas (izquierda y derecha): Una por cada final.
- Salidas de las bajantes: Uno por cada 35 pies de canal.
- Codos de las bajantes: Tres por cada bajante.
- Tubería de desagüe: Una tubería por salida de bajante. Mida la altura de la canal y adicione 5 pies por cada tubería (para la salida del panel colector y desperdicio). Vendido en secciones de 10 pies.
- Soportes de la tubería de desagüe: Dos por cada bajante.

Cómo instalar canales de vinilo

Haga una marca sobre cada canal a 1" de la parte superior de la facia. Trace la línea de tiza a un declive de ¼" por cada 10 pies de longitud en dirección a la bajante. En canales más largas de 35 pies, marque el declive desde el punto más alto en el centro hacia las salidas extremas.

Instale las salidas de las bajantes cerca de las puntas de las canales (por lo menos una salida por cada 35 pies de canal). La parte superior de las salidas debe estar a ras con la línea de declive, y también deben alinearse con las cubiertas de las esquinas de la casa.

Siguiendo la línea de declive, instale los accesorios para los soportes para toda la canal. Clávelos contra la facia cada 24" de distancia usando tornillos para terraza.

Siguiendo la línea de declive, instale las esquinas internas y externas en los sitios donde no tienen cubiertas finales.

Use una sierra de vaivén para cortar las secciones de canales que van entre las salidas de bajantes y esquinas. Instale las cubiertas finales y conecte las secciones a las salidas. Corte e instale las partes a la medida correcta y dejando espacio suficiente para la expansión.

Trabajando desde el suelo, junte las secciones de canales con los conectores. Conecte los soportes a la canal (para los modelos con accesorios de soporte instalados sobre la facia). Cuelgue las canales y conéctelas a las salidas de bajantes.

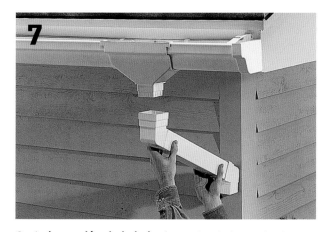

Corte la sección de la bajante para instalarla entre los dos codos. Un codo debe ajustarse a la salida de la bajante y el otro contra la pared. Ensamble las partes. Introduzca el codo superior en la salida y asegure el otro con soportes para tubería.

Corte una pieza de tubería de desagüe a la medida entre el codo superior de la pared y el final del desagüe dejándolo al menos 12" sobre el nivel del piso. Instale un codo y asegure la bajante contra la pared usando un soporte. Agregue los demás accesorios (como el panel colector de agua) para evacuar el agua lejos de la vivienda (ver foto anexa).

Canales sin uniones

Las canales sin uniones son secciones ininterrumpidas en lugar de dos o más piezas conectas por medio de accesorios. Al eliminar las uniones, también elimina la posibilidad de goteras. Sin embargo, la instalación "sin uniones" es un poco incierta ya que existen uniones en las esquinas y finales que deben ser conectadas.

Las canales deben extenderse un poco más allá del borde de la facia, y estar alineadas con los bordes del techo. La parte trasera de la canal se introduce debajo de la canal de borde. Al preparar las canales, utilice tornillos de seguridad en lugar de remaches. Estos últimos no requieren de abrir huecos por anticipado y pueden removerse si se desea.

Herramientas y materiales ▸

Cinta métrica
Taladro con una broca de estrella de ¼"
Pistola para silicona
Cuerda de tiza
Martillo
Tijeras para cortar latón
Sierra de vaivén
Canales / Soportes

Tornillos de seguridad
Sellador para canales o silicona
Salidas de canales
Bajantes / Codos
Cubiertas finales
Colgantes para codos
Soportes para las bajantes
Panel colector de agua

Las canales sin uniones son fabricadas en el sitio de instalación, o pueden ser compradas a la longitud deseada.

Cómo instalar canales sin uniones

1

En el punto intermedio de la facia, tome la medida desde la canal de borde y haga una marca para la parte inferior de la canal. Marque ambas puntas de la facia agregando ¼" de declive por cada 10 pies de canal. Trace una línea con la cuerda de tiza entre las marcas.

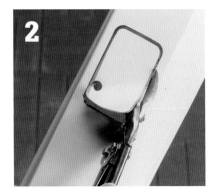

2

Marque el sitio de las bajantes sobre la canal. Centre la pieza desde el frente hacia atrás y trace una marca alrededor. Corte las aberturas con tijeras para cortar latón o con una sierra de vaivén.

3

Aplique una capa de silicona debajo de la pestaña de la salida. Coloque la pieza en la abertura de la canal; presiónela con firmeza, y luego asegúrela desde el lado inferior de la canal usando tornillos de seguridad.

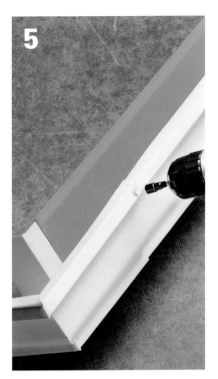

Coloque la cubierta final en la punta de la canal. Clávela con tornillos de seguridad alrededor de la pestaña. Aplique bastante silicona a lo largo de los bordes interiores de la cubierta.

Aplique una capa suave de silicona sobre la parte inferior y lados al interior de la caja esquinera. Coloque la punta de la canal dentro de la caja. Conecte ambas piezas con tornillos de seguridad. Aplique una buena cantidad de silicona sobre la unión interior.

Conecte los soportes sobre las canales cada 24" de distancia. Instale la canal en su lugar deslizando la parte trasera debajo de la canal de borde y alineando la parte inferior con la línea de tiza. Clave una puntilla o un tornillo en cada soporte al interior de la facia.

Conecte el codo a la salida de la canal con un tornillo de seguridad en cada lado. Sostenga otro codo contra la pared de la casa. Mida la distancia entre ambos agregando 2" en cada punta para traslapar. Corte la pieza con una sierra de vaivén. Ajuste las esquinas de la bajante para introducirlas con facilidad y luego conéctelas. *Consejo: Ensamble los codos y las bajantes para que las piezas superiores siempre quepan al interior de las inferiores.*

Conecte los soportes de la bajante a la pared sobre la parte superior e inferior y cada 8 pies de distancia en el medio. Corte la bajante a la longitud correcta e instálela sobre el codo superior. Instale el otro codo en la punta inferior y asegure los soportes sobre la pieza.

Cubiertas de postes y vigas

Sin importar si los postes y vigas están sosteniendo techos o terrazas, pueden parecer simples, delgados y poco atractivos. En lugar de gastar dinero instalando vigas gruesas, es común entre los constructores cubrir estos elementos con maderos de mejor calidad para darles una apariencia de mayor proporción y volumen La madera de pino usada en este proyecto le da a los postes de 4 × 4 y a las vigas dobles de 2 × 4 una apariencia mucho más robusta.

Herramientas y materiales ▸

Herramientas
  manuales básicas
Madera para
  el terminado

Puntillas para terraza
Tiras de
  contrachapado

Cómo cubrir cubiertas de postes y vigas

Corte los maderos de revestimiento para cubrir los lados interiores de las vigas. Córtelos a esa misma longitud. Use maderos lo suficientemente anchos para cubrir las monturas de metal y las uniones. Aquí utilizamos maderos de 1 × 10, pero puede usar contrachapado lijado de ¾" en su lugar. Clávelos contra las vigas con puntillas para terraza 8d. En este proyecto agregamos tiras de contrachapado de ½" sobre la parte superior e inferior de la viga para compensar los espacios de las monturas de metal sobre los postes.

Madero de cubierta al interior de la viga

Separadores de contrachapado

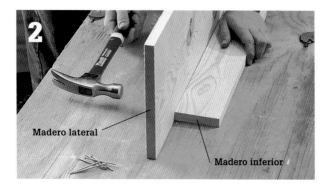

Madero lateral

Madero inferior

Corte tiras de madera para cubrir la parte inferior de las vigas. Coloque cada tira junto a un madero de la misma longitud de la cubierta de la viga interior. La diferencia de longitud entre el lado lateral y el inferior debe ser igual a la distancia de la viga que descansa sobre el poste. Ensamble los maderos lateral e inferior clavándolos con puntillas de acabado 8d manteniendo la unión a plomo. Una el ensamble contra la viga dejando que la punta abierta del madero inferior forme la unión con la cubierta de la viga interior.

Corte maderos para crear las cubiertas de las puntas de cada viga (aquí cortamos una pieza de un madero de 1 × 10 para cubrir las puntas de la viga y las cubiertas de la misma, y la clavamos contra una pieza de 1 × 4 para cubrir el espacio debajo de la viga saliente. Clave las cubiertas sobre la punta de cada viga.

Corte los maderos para cubrir los postes. Deben cubrir
desde la base hasta las vigas. Puede usar dos maderos de 1 × 4 y dos
de 1 × 6 para cubrir un poste de 4 × 4. Clave el madero 1 × 6 sobre el
frente del poste dejando ¾" de saliente sobre el borde exterior. Clave
el 1 × 4 sobre la cara interior a ras con el 1 × 6.

Ensamble las otras dos piezas clavándola sobre la cara
del madero de 1 × 6 y dentro del borde del 1 × 4. Coloque la pieza
ensamblada alrededor del poste. Clave un 1 × 6 en el poste y el otro
sobre le borde de 1 × 4 (va a quedar un espacio pequeño entre el
segundo 1 × 4 y el poste).

Corte piezas de madero de acabado para cubrir las bases de
los postes (llamados 'collares de postes'). Aquí usamos un madero
de 1 × 6 para crear los collares inferiores, y uno de 1 × 4 para los
superiores (donde los postes se unen con las vigas). Clave los collares
con puntillas de acabado 4d. La pieza frontal debe cubrir las puntas de
los maderos laterales. Los moldes alrededor de los collares superiores
dan un acabado más agradable y los protege contra el agua.

Tiras de clavado

Las vigas frontales de un porche (o terraza) a menudo quedan
visibles después de instalado y por lo tanto puede cubrirlas con madera
de acabado. Si las vigas sobresalen más allá de la fachada, corte una tira
de clavado para cubrir el espacio entre la parte interior de la viga y la
fachada. Corte la cubierta de la viga y las tiras e instálelas con puntillas
8d. Si la viga frontal se extiende más allá de la cara de la viga, la mejor
solución es pintarla del mismo color de la fachada.

Terminar cornisas y hastiales

Las cornisas y hastiales son elementos esenciales en muchas viviendas. El hastial es el área debajo del caballete y es cubierta por lo general con material de molde y fachada. La cornisa (algunas veces llamada 'cornisa o facia de retorno'), es por lo general cubierta con molde a ras con la esquina donde se encuentra con el alero. El proyecto a continuación consiste en dar los últimos toques de acabado en un porche nuevo, pero estas áreas requieren también de algo de reparación.

Los acabados de la cornisa y el hastial concuerdan con los de la fachada y moldes de la vivienda. Utilice contrachapado o madera de acabado en la cornisa, y el material de la fachada que empate con el molde del hastial. Aplique silicona en el caballete del hastial y entre los maderos de la facia y la cornisa (ver foto anexa).

Herramientas y materiales ▸

Herramientas manuales básicas	Madera de acabado
	Moldes de acabado
Plantilla para hacer cortes	Puntillas / Silicona
Contrachapado	Molde del hastial
	Regla / Cornisa

Cómo instalar una cornisa

En cada extremo del porche frontal mida el área desde el final del molde del hastial hasta un punto a más o menos 6" al interior de la viga del porche. Corte una pieza triangular de contrachapado o madera de acabado que se ajuste a ese espacio usando una escuadra para crear los ángulos correctos. Corte las piezas de la cornisa con una sierra circular y una regla.

Pruebe las piezas de la cornisa sobre las puntas del hastial, luego instálelas clavándolas con puntillas de acabado 8d hasta el interior de la estructura. Use una puntilla para incrustar las cabezas de las puntillas debajo de la superficie de la madera. Tenga cuidado de no rajar las piezas.

Cómo instalar una moldura de hastial

1

Moldura del hastial

Tablero friso

Mida el área cubierta por el hastial en la vivienda. Si ha instalado moldes y tableros, mida desde la parte inferior del tablero. Agregue 2" de profundidad al área para asegurarse que la fachada cubrirá el borde del cielo raso una vez éste y la fachada estén instalados. Marque una línea horizontal con tiza cerca de la parte inferior de la base del hastial y úsela como referencia para instalar la fachada.

2

3

Trace una línea de corte igual al declive del techo sobre la punta de una pieza de fachada. Use una escuadra o una regla para marcar la línea. *Opción: Coloque un retazo de madera sobre la línea de tiza horizontal sobre la base del hastial y marque los puntos donde se intersectan los bordes del madero con el tablero friso. Conecte los puntos para establecer la línea de declive. Corte la fachada o el retazo de madera sobre esa línea y úsela como plantilla para marcar los cortes sobre la fachada. Corte el tablero de la fachada inferior a ese tamaño.*

Use puntillas de fachada 4d para clavar el tablero de la fachada inferior a ras con los bordes inferiores de los tableros frisos (el borde inferior del tablero de la fachada debe quedar 2" más abajo que la parte inferior de la base del hastial. Corte el siguiente tablero traslapando el primer tablero desde arriba y creando el mismo espacio expuesto de la fachada del resto de la casa. Mantenga la fachada a nivel. Continúe cortando e instalando el resto de las piezas hasta que llegue a la punta del hastial.

Molduras de transición

Este tipo de molde es un elemento decorativo que sirve como transición entre las fachadas y las puertas o ventanas. Es por lo general fabricado de madera de pino o abeto. Si estas piezas no son pintadas con regularidad, estarán propensas al deterioro. Los moldes de transición que no son pintados con sellador por todos sus lados se pudren con facilidad. Si está reemplazando la fachada de la vivienda, inspeccione con cuidado el estado actual de los moldes de transición. Los puntos suaves sobre la madera son una indicación de podredumbre debajo de la pintura. El deterioro también ocurre en las uniones de las esquinas. Si encuentra áreas afectadas, reemplace el molde. Puede quitar y cambiar este tipo de molde con facilidad sin necesidad de remover la fachada.

Herramientas y materiales ▸

Barra de palanca
Cinta métrica / Lápiz
Escuadra combinada
Sierra de vaivén
Martillo y clavos
    de empuje

Pistola para silicona
Molde de transición
Canal de borde
Puntillas 10d para
    uso exterior
Silicona

Cómo reemplazar molduras de transición averiadas

Quite las secciones viejas con una barra de palanca. Quizás es mejor insertar primero la hoja de un raspador de pintura entre el molde y la base del molde para romper la capa de pintura.

Pinte la moldura de transición antes de instalarla. Selle toda la superficie si no viene sellada de la fábrica y luego píntela del color de la fachada. Pinte todas las piezas de molde en este momento.

Instale la canal de borde. Si no había instalado una canal de borde de metal sobre el molde antiguo, corte una pieza del tamaño correcto e instálela debajo de la fachada. La canal de borde extenderá la vida útil del molde de madera evitando que el agua penetre por detrás.

4

Mida y corte las tiras del molde nuevo para colocarlo alrededor de la puerta o ventana. Corte las esquinas en un ángulo de 45° usando una sierra. *Nota: Algunos carpinteros cortan, instalan y clavan una pieza de molde a la vez antes de cortar en ángulo la siguiente pieza. De esta forma puede ajustar un poco los ángulos si necesita ajustarlos mejor.*

5

Instale el molde con puntillas 10d para uso exterior. Clávelas cada 12" al interior de las vigas de la estructura. Use un clavo especial para empujar las cabezas de las puntillas al interior de la superficie de la madera.

6

Aplique sellador al molde. La canal de borde debe quedar bien ajustada contra el molde. Luego aplique silicona que pueda pintarse a lo largo de la canal y sobre todo el borde exterior del molde donde se une con la fachada. Llene los huecos de las puntillas con silicona y luego píntelos.

Molde de transición sintético ▸

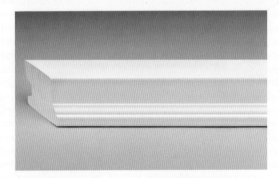

En la actualidad el pino o el abeto no son las únicas opciones para este tipo de moldes. Ahora es posible conseguir moldes hechos de PVC, material compuesto de resina, fibra de vidrio o pulpa de madera. El molde sintético cuesta casi que el doble que el de madera, pero durará indefinidamente, puede pintarse y no acumulará o absorberá agua que pueda podrir la superficie a su alrededor. Si puede pagar más por este material, las ventajas superan el costo, y nunca más tendrá que mantener o reemplazar los moldes de transición.

Molduras decorativas

Si tiene la fortuna de vivir en una casa de estilo Victoriano del siglo XIX, sabe qué encantador pueden ser los moldes decorativos exteriores. Sin importar si la vivienda era de estilo Medieval, Gótico, Reina Ana, o Románico, nuestros antepasados catalogaban su estatus social, en parte, adornando sus viviendas con toda clase de finuras: hastiales elegantes, hermosas repisas y soportes, atractivos calados de madera, puertas de piedra angular y adornos en ventanas, cornisas, postigos, y todo tipo de moldes.

La mayoría de estas decoraciones son hechas de madera, lo que significa que tarde o temprano tiene que hacer algún tipo de mantenimiento y reparación. Por fortuna, existen numerosas fuentes para la preservación de construcciones históricas, y algunos aserraderos todavía se especializan en la fabricación de este tipo de elementos arquitectónicos. Ahora puede conseguirlos en madera o en PVC y en una gran variedad de estilos y formas.

No necesita vivir en una casa Victoriana para agregar ese tipo de moldes decorativos en su vivienda. Puede instalar decoraciones elegantes en los hastiales y quizás algunos vistosos soportes debajo de los aleros. Acentúe el estilo monótono de una baranda con balaustres de espiral. Sin saber cómo resulte, de pronto instalar ornamentos en cantidad puede convertir su casa en la vivienda más atractiva del vecindario.

Esta entrada de tipo Victoriano es más que una puerta frontal; es una pieza de arte gracias a los detalles decorativos de las molduras.

Materiales de molduras ▸

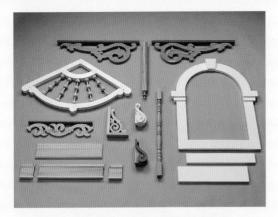

Los moldes con exuberantes decoraciones

'gingerbread' son fabricados en muchas formas y estilos. La foto incluye cabeceras, caídas de hastiales, hornacina para repisas, balaustres torneados, soportes esquineros, calados de madera, decoraciones para hastiales y otras muestras de moldes.

Una opción para decorar un hastial es fabricar sus propios moldes. Dibuje el diseño sobre un tablero de madera resistente al agua (como cedro, secoya, o ciprés). Corte la pieza con una sierra de vaivén.

Conecte las cabeceras sobre una base plana de madera. Clave los moldes a cada lado del hastial con tornillos de cabeza cónica de 3". Deje espacio en la cima para insertar una caída de hastial con una punta de rosca decorativa.

También puede usar moldes prefabricados en lugar de cabeceras y caídas. Las decoraciones para hastiales pueden conseguirse en diferentes ángulos dependiendo la inclinación del techo. Conéctelos sobre la parte inferior de los bordes con tornillos de cabeza cónica de 3".

Postigos decorativos

Los postigos están diseñados para proteger las ventanas de vientos fuertes y del daño que puede causar los escombros durante las tormentas. Los postigos exteriores son una alternativa permanente a la instalación apresurada de tableros de contrachapado sobre las ventanas cuando se tiene poco tiempo antes que llegue la tormenta, y luego tener que quitarlos otra vez cuando el peligro ha pasado. Para quienes viven lejos de los peligros de los vientos costeros, los postigos son una forma fácil de proteger las ventanas de las cabañas durante el verano cuando no se encuentra presente.

Los postigos son fáciles de construir. Están hechos de tableros para uso exterior y con ensamble macho-hembra. El diseño simple y rústico es compensado con el elegante entramado. Un molde decorativo visible cuando se abre el postigo puede trasformar este práctico elemento en un acento elegante al exterior de la vivienda.

Consejo ▸

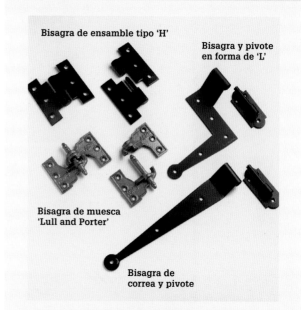

Bisagra de ensamble tipo 'H'

Bisagra y pivote en forma de 'L'

Bisagra de muesca 'Lull and Porter'

Bisagra de correa y pivote

Antes de construir los postigos, es importante encontrar las bisagras apropiadas. Los accesorios requeridos no siempre están disponibles en todas las regiones y quizás tenga que ordenarlos directamente del fabricante de postigos. Las bisagras se consiguen en gran variedad de estilos y su instalación varía según su forma y el diseño de la ventana. Consulte con el fabricante para determinar cuál es la mejor solución en su caso.

Estos postigos hechos a la medida son diseñados para proteger la ventana de vientos fuertes y escombros que vuelan durante las tormentas.

Herramientas y materiales ▸

Cinta métrica
Abrazadera para tubo
Regla
Sierra circular
Fresadora con accesorio
  para biselar
Brocha para pintar
Taladro
Adhesivo para madera
Accesorios
  para postigos
Pintura

Maderos con
  ensamble
  macho-hembra
  de 1 × 8
Madero dimensional
  de 1 × 4
Tornillos para terraza
  galvanizados
  (1¼", 3")

Cómo construir postigos para protección contra tormentas

Mida la altura de la abertura de la ventana para determinar las dimensiones de los postigos. Debido a que las ventanas no siempre son cuadradas, tome las medidas al lado izquierdo y derecho de la misma. Reste ½" de la altura para dejar un espacio. Determine el ancho del postigo midiendo al interior del larguero de la ventana, divídalo por 2, y reste ⅜" para dejar el espacio para las bisagras.

Ensamble de dos a cuatro maderos macho-hembra de 1 × 8. Deje cada postigo un poco más grande que la medida determinada. Sostenga ambos maderos de 1 × 8 con abrazaderas para tubo, luego use una regla para marcar las medidas exactas en la cara de cada postigo. Corte las piezas con una sierra circular.

Quite las abrazaderas. Use la sierra para cortar los postigos a la medida. Remueva el ensamble 'macho' de un lado del postigo, y la 'hembra' del otro. Reinstale las abrazaderas.

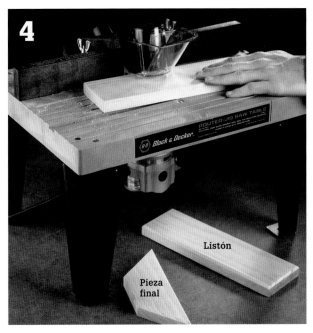

Listón

Pieza final

Corte cuatro listones 3" más cortos que el ancho del postigo de un madero 1 × 4 para uso exterior. También corte cuatro piezas finales con las esquinas a 45°. Bisele los lados que no se juntan con otras piezas usando una fresadora con accesorio para biselar.

(continúa)

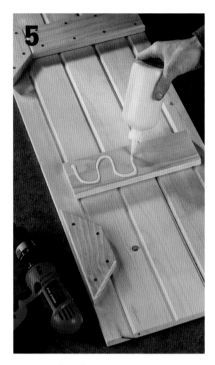

Conecte los listones y las piezas finales con adhesivo para madera a prueba de agua, y con tornillos galvanizados de cabeza cónica de 1¼". Deje secar el pegante por completo antes de instalar los postigos.

Variación: Para mejorar la apariencia de estos simples postigos, considere un molde decorativo diseñado para el lado visible cuando está abierto. Puede instalar listones en forma de 'Z' o 'X' como la puerta de un establo tradicional. Cada diseño puede cortarse de maderos de 1 × 4 y clavarse a la puerta con adhesivo para madera y tornillos.

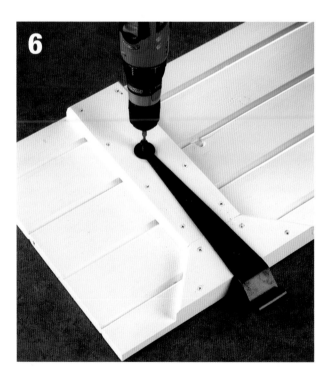

Agregue ¼"

Mida esta distancia

Pinte o selle los postigos con el color que desee y déjelos secar. Abra agujeros guía para instalar las bisagras sobre los listones con los accesorios incluidos o con tornillos galvanizados de 1¼".

Mida desde la parte superior del postigo hasta el borde inferior de la bisagra superior. Agregue ¼". Mida la distancia desde el borde del larguero superior y haga una marca. Alinee la parte inferior del pivote con esa marca. Conecte el pivote al molde de la ventana con tornillos galvanizados de 3".

Coloque la bisagra superior sobre el pivote. Sostenga el postigo hasta que las bisagras estén conectadas. Alinee la bisagra inferior con el pivote y clávelo con tornillos galvanizados de 3". Repita los pasos 7 y 8 para los otros postigos. *Nota: La instalación de las bisagras puede variar según el estilo y diseño de la ventana. Siempre siga las direcciones del fabricante.*

Instale los amarres decorativos (también llamados 'perros del postigo') para mantener los postigos en posición abierta. Puede instalar un pasador al interior o exterior del postigo. Una alternativa menos costosa es instalar un par de barras de soporte y asegurar la ventana con un madero de 2 × 4 durante las tormentas (ver foto anexa).

Variación: Postigos prefabricados

Los postigos prefabricados vienen en muchos modelos tradicionales, incluyendo estilos de persiana, paneles levantados y postigos verticales.

Los postigos de enrollado se ajustan a cualquier posición para dar protección a la entrada parcial de luz. Pueden ser controlados manual o automáticamente.

Los postigos de estilo 'Bahamas' funcionan como toldos de sombra cuando se abren, y protegen contra el viento y los fuertes impactos cuando están cerrados.

Pintura y sellado de la fachada

Los proyectos de pintura y sellado de fachadas exteriores son inevitables para muchos entusiastas. Si acaba de completar un trabajo de madera sobre la fachada, y agregó nuevas molduras, la labor no está acabada hasta que haya sellado la madera con un protector o algún tipo de pintura. Aplicar sellador y pintura parecen trabajos simples, pero al menos que prepare la superficie adecuadamente por medio de lijado y raspado, y luego aplicar la base apropiada, podría afectar la aplicación de la capa final y la durabilidad de la pintura, y en algunos casos, en forma extrema.

Quizás su intención es sólo repintar o aplicar una capa nueva de pintura o sellador, pero el estado actual de la pared muestra señales de problemas. ¿Qué puede hacer para corregir la situación? El siguiente capítulo le ayudará a identificar los problemas de pintura y sellado, preparar la superficie adecuadamente para la primera o próxima capa, y le dará opciones de aplicación para hacer el trabajo más fácil y rápido. Aplicar sellador y pintura son formas relativamente poco costosas de mantener el exterior de la vivienda en buen estado. Estas actividades quizás no están en su lista de cosas favoritas, pero cuando ha realizado el trabajo correctamente, los resultados durarán más de lo que se imaginó.

En este capítulo:

- Herramientas y materiales
- Identificar problemas de pintura de exteriores
- Preparar la pintura
- Aplicar el sellador y la pintura
- Uso de atomizadores para pintar
- Aplicar tintura sobre la fachada

Herramientas y materiales

Tanto las herramientas como las pinturas y tinturas de alta calidad por lo general producen mejores resultados con menos trabajo que los productos menos costosos. El retorno de la inversión se cuantifica en un proyecto desarrollado en forma ordenada y con resultados atractivos, durables y de buena calidad.

Aplique base de sellador a todas las superficies sin pintar, y sobre las que han sido raspadas, lijadas o han perdido la capa original de pintura. En el caso de madera sin tratar, lo mejor es aplicar una capa de base de sellador seguido por dos manos de pintura. Si la superficie ya ha sido pintada y todavía está en buena condición, una sola mano de nueva pintura es suficiente.

Aún cuando remover las capas de la pintura vieja puede ser una ardua labor, usar los materiales apropiados puede hacer el trabajo más fácil. Si no tiene todas las herramientas especiales que necesita, como una lijadora o pistola de calor, puede alquilarlas en centros o depósitos para materiales de construcción. A medida que planea el proyecto, haga una lista de todas las herramientas y materiales que va a necesitar.

Compre o alquile un compresor de agua con todos los accesorios para limpiar la fachada y remover la pintura suelta por completo. Asegúrese de alquilar la máquina correcta. Una con menos de 1.200 psi no hará un buen trabajo; y una con más de 2.500 psi puede averiar la fachada.

Entre las herramientas para pintar se incluyen: Rodillo y mango con espuma de ⅜" (A), rodillo esquinero (B), rodillo con espuma de ⅝" (C), brocha para pintar de 4" (D), de 3" (E), brocha de banda (F), rodillo ancho de 3" (G). *Nota: Todas las brochas mostradas tienen cerdas sintéticas para ser usadas con pinturas de base de látex.*

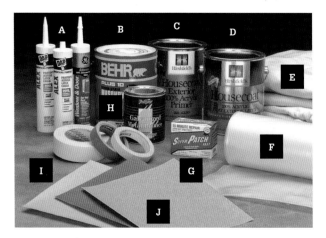

Entre los materiales para pintar se incluyen: Silicona de pintura (A), pintura para ladrillo, estuco y cemento (B), sellador (C), pintura para casas (D), lona (E), tira de plástico (F), sellador para huecos en madera de resina epóxica (G), sellador para metal (H), cinta para enmascarar (I), papel de lija #80-, 120-, y 150- (J).

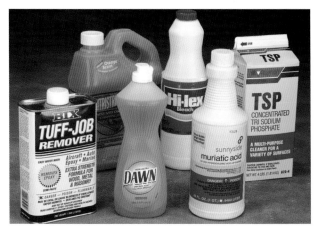

Entre los productos para la preparación y mantenimiento de la superficie se incluyen (de izquierda a derecha) removedor de barniz, acabados sintéticos y de resina epóxica; removedor de pintura para quitar capas gruesas; detergente; blanqueador para limpiar superficies; ácido clorhídrico para limpiar óxido; y fosfato sódico tribásico (TSP).

¿Cuánta pintura? ▸

Calcule la cantidad de pintura necesitada para una mano:

- Calcule los pies² de las paredes (largo × ancho), los pies² de los paneles de los aleros y molduras y agregue 15% de material de desperdicio.
- Reste de los anteriores los pies² de las puertas y ventanas.
- Compruebe la información de la etiqueta en cuanto al cubrimiento de la pintura (en promedio 350 pies² por galón).
- Divida el total de pies² por el cubrimiento de la pintura para determinar el número de galones que va a necesitar.

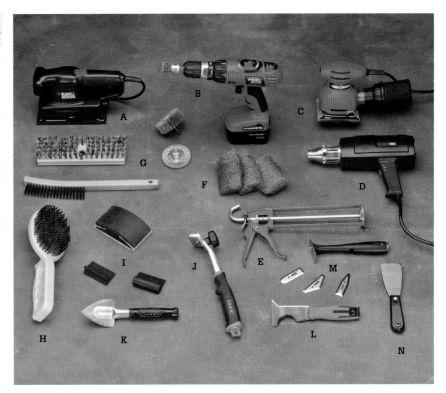

Herramientas para remover la pintura: Lijadora de acabado de ⅓ (A), taladro con accesorios de alambre (B), lijadora manual de ¼ (C), pistola de calor (D), pistola para silicona (E), esponja de metal (F), cepillos de cerdas de metal (G), brocha de cerdas duras (H), bloques para lijar (I), raspador de pintura (J), pelador de pintura (K), herramienta de pintura 5 en 1 (L), raspador de detalles (M), espátula (N).

El equipo de compresión para pintar incluye: Pistola para fumigar (A), manguera (B), compresor (C). La preparación adecuada requiere de tiras de plástico (D), cinta para enmascarar (E), lonas (F). Siempre utilice los protectores necesarios como un respirador de doble filtro (F), y gafas protectoras (H).

Identificar problemas de pintura de exteriores

Existen dos enemigos principales que atacan las superficies de pintura: la humedad y la edad. Una simple gotera o una barrera contra la humedad mal protegida al interior de la casa pueden arruinar aún el trabajo de pintura más fino. Si nota señales de deterioro en la pintura, como peladuras o desprendimientos, haga lo necesario para corregirlo de inmediato. Si la superficie averiada es reparada a tiempo, es posible que pueda corregirla con apenas un toque pequeño de pintura.

Evaluar las superficies pintadas de la vivienda puede ayudarle a identificar los problemas con la fachada, molduras, techo y barreras contra la humedad. Las fotos de estas dos páginas muestran las formas más comunes de daños de pintura y cómo repararlas. Deberá arreglar cualquier problema de humedad antes de repintar las superficies.

Examine la pintura exterior cada año, comenzando por las áreas protegidas del sol. Los defectos de pintura aparecen primero en áreas que reciben poca luz o luz indirecta, y es un aviso que problemas similares se están desarrollando en áreas vecinas.

Formas comunes de deterioro de pintura

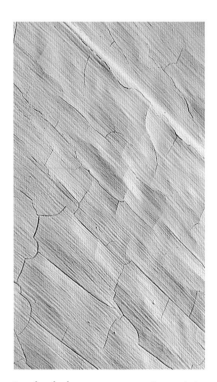

Las burbujas aparecen como brotes de la superficie. Es el resultado de una mediocre preparación o una aplicación muy rápida de sellador o pintura. Indican humedad atrapada en su interior que intenta salir a la superficie. Para arreglar áreas pequeñas, raspe el daño y aplique nueva pintura. Para daños esparcidos, quite la pintura hasta la base, luego aplique sellador y pintura.

La caída de pintura sucede cuando se desprende en capas grandes. Es señal de continuos problemas de humedad generados por goteras o fallas en las barreras de vapor. Después de localizar el daño, raspe y lije el área y arréglelo con sellador y pintura. Si se ha esparcido, quite toda la pintura vieja por completo, aplique sellador y pinte de nuevo.

El desprendimiento y rajadura ocurre al mismo tiempo cuando la superficie tiene muchas capas de pintura. También puede ser causado por mala preparación de la superficie o por no permitir tiempo suficiente de secado entre capas o entre el sellador y la pintura. Quite la pintura vieja y aplique de nuevo sellador y pintura.

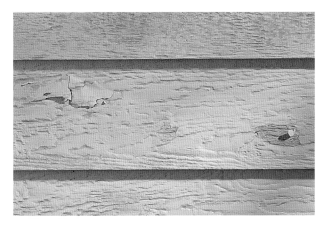

Las burbujas y desprendimiento indican que hay humedad causada por una gotera del techo, por una canal o una tubería interna, y se encuentra atrapada al interior. Antes de reparar la pintura debe eliminar la causa del daño. Raspe, aplique sellador y pinte de nuevo sobre el daño.

Las burbujas y peladuras bien definidas suceden cuando una habitación húmeda tiene insuficiente barrera contra el vapor. Si hay un límite bien definido donde termina la pared interior, quite la fachada y reemplace la barrera de vapor.

El moho se forma en rajaduras y en áreas húmedas que reciben poca luz solar. Lave las áreas afectadas con una solución 1:1 de cloruro blanqueador de uso casero combinado con agua o con fosfato sódico tribásico (TSP).

El óxido sucede cuando la humedad penetra la pintura que cubre el hierro o acero. Quite el óxido y la pintura suelta con un taladro con brocha de alambre. Luego aplique sellador y pintura.

Los puntos de goteo aparecen cuando las puntillas de la fachada están comenzando a oxidarse. Saque las puntillas, remueva el óxido, y clave puntillas con espiral galvanizadas. Aplique sellador para metal y pinte de nuevo empatando el color de la fachada.

Los brotes sobre bloques ocurren cuando los minerales salen a la superficie formando una capa cristalina o terrosa. Use un cepillo y una solución de ácido clorhídrico para quitar el brote antes de aplicar sellador y pintura.

Preparar la pintura

La clave para lograr un acabado de pintura parejo es trabajar sobre una superficie lisa, limpia y seca. En términos generales, mientras más tiempo dedique a preparar la superficie, mejor lucirá el acabado final y tendrá mayor duración.

Para lograr un terminado suave lije la superficie, hasta llegar a la base de madera, usando una lijadora eléctrica. Si no desea dedicar mucho tiempo (a cambio de resultados más rústicos), raspe la pintura suelta y lije las áreas afectadas. También puede usar agua a presión para remover la pintura suelta, pero usar sólo agua no creará una superficie suave.

Herramientas y materiales ▸

Compresor de agua
Raspador de pintura
Lijadora / Espátula
Bloques para lijar
Brocha de cerdas duras
Cepillo de cerdas
   de metal
Esponja de metal
Almohadilla de
   lija áspera
Taladro / Sellador

Rueda de alambre
   para el taladro
Pistola para silicona
Pistola de calor
Máscara protectora
   para respirar
Papel de lija #80-,
   120-, y 150-
Masilla para huecos
Silicona de pintura
Ácido clorhídrico

La cantidad de tiempo dedicado a la preparación de la superficie determinará la apariencia final del trabajo de pintura. Decida cuánto lijado y raspado está dispuesto a hacer para lograr el acabado que desea.

Cómo remover la pintura

Use una pistola de calor para remover capas de vieja pintura. Apunte la pistola sobre la superficie, caliente la pintura hasta que salgan burbujas y luego ráspela tan pronto se desprenda.

Para remover áreas grandes de pintura sobre fachadas use una lijadora con una superficie igual al área expuesta de las piezas de la fachada.

Cómo preparar superficies para pintar

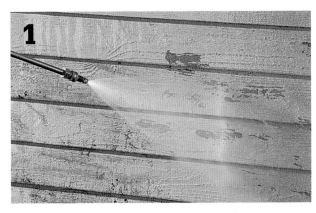

Limpie la superficie y quite la pintura suelta lavándola con agua a presión. Dirija el chorro de agua hacia abajo y no se acerque demasiado a la pared con el chorro de agua. Deje secar la superficie por completo antes de continuar.

Raspe la pintura suelta usando un raspador. Evite dañar la superficie raspando muy fuerte.

Lije y suavice la superficie con lija #80. Use bloques para lijar y papel de grado 80 a 120 para suavizar áreas de molduras difíciles de alcanzar. *Consejo: Puede fabricar los bloques de lijado de espigas, retazos de madera o mangueras para jardín.*

Use raspadores especiales para quitar la pintura en lugares difíciles de alcanzar. Algunos de estos raspadores tienen puntas intercambiables que se encajan a molduras comunes.

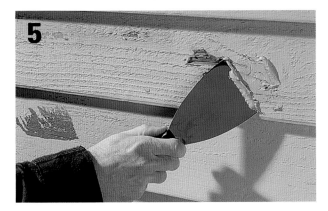

Inspeccione toda la superficie en busca de rajaduras, podredumbre y otro tipo de daños. Marque esas áreas con taches de colores o cinta aislante. Arregle los daños con masilla epóxica para madera.

Use una lijadora para acabados con un papel de lija #120 para lijar las áreas reparadas, bordes y otras áreas raspadas. Suavice la superficie.

Cómo preparar molduras de puertas y ventanas para pintar

Lije las superficies brillantes sobre las partes de las puertas y ventanas que hayan sido pintadas con pintura de esmalte. Use una almohadilla de lija o papel de lija #150.

Llene las aberturas sobre la fachada y los espacios alrededor de la moldura de las puertas y ventanas con silicona acrílica que pueda pintarse.

Cómo remover acabados transparentes

Aplique agua a presión sobre superficies cubiertas con tinturas, o que han sido tratadas con preservativos, antes de aplicar una capa nueva de sellador.

Use un cepillo de cerdas duras para quitar cualquier pintura desprendida y que no fue removida por el agua a presión. No utilice cepillos de alambre sobre superficies de madera.

Cómo preparar el metal y concreto para pintar

Remueva el óxido y la pintura suelta del metal (como pasamanos y ornamentos) usando un cepillo con cerdas de alambre. Cubra la superficie con sellador para metal inmediatamente después de limpiarla para evitar la acumulación de nuevo óxido.

Lije la fachada o la moldura de metal con una esponja de metal de grado medio. Lávela y deje secarla antes de sellarla y pintarla.

Remueva el cemento suelto, las acumulaciones de minerales, o la pintura de las líneas sobre el cemento o concreto usando una rueda con cerdas de metal conectada a un taladro. Limpie toda la superficie con un cepillo de alambre. Corrija cualquier menor daño antes de repintar.

Disuelva las piezas oxidadas de metal en una solución de ácido clorhídrico. Es importante usar equipo de protección, trabajar en un área bien ventilada y seguir todas las indicaciones y precauciones del fabricante cuando utilice este tipo de ácido.

Aplicar el sellador y la pintura

Programe la aplicación de la pintura de la casa para que pueda hacerlo no más de dos semanas después que haya aplicado el sellador. Si pasa más de ese tiempo, lave toda la superficie con agua y jabón antes de pintar la siguiente mano.

Consulte el informe del clima y ponga atención a los cambios mientras trabaja. Si llueve o se incrementa la humedad durante las primeras dos horas después que haya terminado de pintar, arruinará el trabajo realizado. No pinte si la temperatura es menos de 50° o más de 90°. Evite pintar en días ventosos. Es peligroso subir escaleras cuando hace mucho viento y también volará polvo y tierra sobre la pintura fresca.

Trate de seguir la sombra del día a medida que trabaja. Prepare, aplique el sellador y pinte un área de la casa a la vez y siga un orden lógico de pintado. Trabaje desde arriba hacia abajo de la estructura, y cubra toda la sección antes de mover el andamio o escalera.

Herramientas y materiales ▸

Brochas para pintar (4", 2½", 3")
Brocha de banda
Andamio / Escalera
Sellador

Pintura para casas
Pintura para monturas
Materiales de limpieza

Pinte en un orden lógico comenzando desde arriba hacia abajo de la estructura. Cubra la mayor área posible de manera segura sin mover las escaleras o andamios. Después que el sellador o pintura se ha secado, cubra los espacios que estaban cubiertos por la escalera o el estabilizador.

Consejos para aplicar el sellador y la pintura

Utilice el sellador y pintura correctos para cada trabajo. Siempre lea las recomendaciones del fabricante.

Planee la secuencia de pintura a medida que pinta las paredes, puertas y molduras antes de pintar los pisos de las escaleras o porches. Esto evita tener que hacer remiendos o arreglar goteados.

Aplique el sellador o pintura a la sombra o luz indirecta del sol. La luz directa puede secar los materiales muy rápido y atrapar humedad debajo de la superficie. Esto conduce a crear burbujas y peladuras más adelante.

Consejos para seleccionar las brochas y rodillos

Las brochas para pared, que son gruesas, cuadradas y de 3 a 5" de ancho, son diseñadas para cargar bastante pintura y distribuirla en forma ancha. *Consejo: Es aconsejable tener a la mano una variedad de brochas limpias, incluyendo brochas planas de 2½", 3", y 4" de ancho, brochas para acabado y brochas de banda.*

Las brochas de acabado y de banda, de 2 a 3" de ancho, son buenas para pintar puertas y molduras, y para acabar áreas pequeñas.

Los rodillos son mejores para pintar superficies suaves con rapidez. Use rodillos de 8 ó 9" de ancho para superficies grandes.

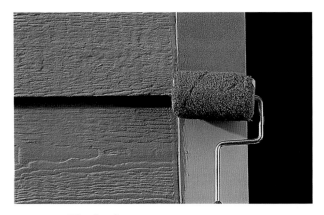

Use un rodillo de 3" para pintar superficies de molduras planas, como cubiertas de madera o molduras esquineras.

Consejos para llenar la brocha y distribuir la pintura

Llene la brocha con la cantidad correcta de pintura para el área que desea pintar. Use una carga completa para áreas grandes, una moderada para áreas más pequeñas y retoques, y una carga pequeña al pintar sobre o alrededor de molduras.

Sostenga la brocha en un ángulo de 45° y aplique sólo la presión necesaria para inclinar las cerdas y esparcir la pintura de la brocha.

Cómo utilizar una brocha para pintar

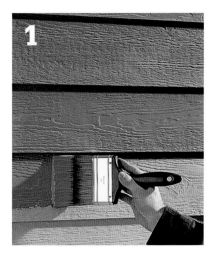

1

2

3

Llene la brocha con una carga completa de pintura. Comenzando en una punta de la superficie, haga un movimiento largo y suave hasta que comience a acabarse la pintura. *Consejo: El color de la pintura puede variar de un tarro a otro. Para evitar problemas, eche toda la pintura en un balde grande y mézclela por completo. Coloque la pintura mezclada de nuevo en los tarros originales y ciérrelos con cuidado. Bata cada tarro antes de abrirlo.*

Al final de cada pasada levante la brocha sin dejar ninguna marca. Si la pintura aparece dispareja, o tiene marcas muy notorias dejadas por la brocha, suavícela sin sobrepasarse demasiado.

Vuelva a llenar la brocha y pásela en dirección opuesta pintando desde el final del primer brochazo para crear una superficie suave y pareja. Si la unión de ambas pasadas queda visible, cúbrala con una capa liviana de pintura. Suavice el punto de comienzo del segundo brochazo.

Consejos para usar rodillos para pintar

Moje la cubierta del rodillo, y luego escurra el exceso de agua. Coloque la malla de escurrido al interior de un balde de 5 galones. Introduzca el rodillo y luego sáquelo moviéndolo de arriba hacia abajo recostándolo contra la malla. El rodillo debe estar lleno pero no goteando cuando lo saque del balde.

Los rodillos en forma de cono funcionan bien para pintar las uniones de las esquinas y entre intersecciones.

Los rodillos en forma de rosquilla son buenos para pintar los bordes de los paneles de las fachadas y las molduras.

Cómo pintar facia, aleros y molduras

Aplique sellador sobre todas las superficies a pintar y déjelas secar por completo. Pinte la facia primero, luego corte la pintura en los bordes inferiores de los aleros y molduras. *Consejo: La facia y los aleros por lo general son pintados del mismo color de la moldura.*

Pinte los paneles de los aleros y la moldura con una brocha de 4". Comience pintando a lo largo de los bordes con una brocha de punta delgada, luego cubra las pasadas sobre los paneles con una brocha llena de pintura. Cubra muy bien los surcos y uniones.

Pinte cualquier adorno decorativo cerca del borde superior de la casa al mismo tiempo que pinta los aleros y facia. Use brochas de 2½" ó 3" en áreas grandes y brochas de banda en moldes más difíciles de pintar.

Cómo pintar la fachada

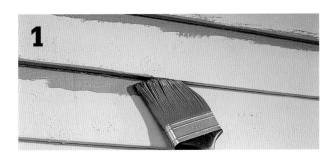

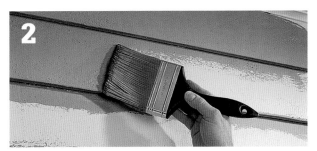

Pinte los bordes inferiores de los paneles traslapados sosteniendo la brocha aplanada contra la pared. Pinte varios bordes antes de regresar a pintar las caras frontales de los paneles.

Pinte el área ancha de los paneles con una brocha de 4" usando las técnicas mostradas en la página 222. Comenzando desde la parte superior de la casa, pinte lo más que pueda sin inclinarse debajo de la escalera.

Pinte toda la fachada hasta llegar a los cimientos comenzando de arriba hacia abajo. Mueva la escalera o andamio y pinte la siguiente sección. *Consejo: Pinte hasta los bordes de las puntas de las molduras de las cubiertas de puertas o ventanas que van a pintarse más adelante.*

En los paneles de fachadas verticales pinte primero los bordes de las molduras o bordes superiores. Pinte las caras de los tableros antes que se sequen los lados. Use un rodillo con espuma de ⅝" para pintar las áreas grandes entre los moldes verticales.

Cómo pintar paredes de estuco

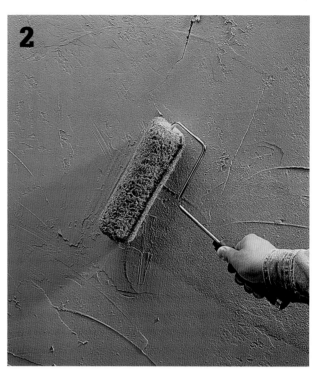

Use una brocha grande para pintar los cimientos con sellador especial para concreto. Déjelo secar por completo. Use una brocha de 4" y pintura para concreto para pintar las áreas alrededor de las puertas y ventanas del sótano.

Aplique la pintura para concreto en áreas más amplias con un rodillo con espuma de ⅝". Use el rodillo de 3" o una brocha del mismo tamaño para pintar las molduras.

Consejos para limpiar las herramientas

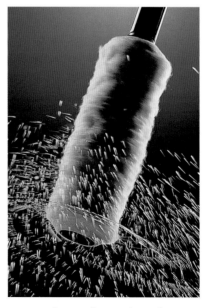

Raspe y quite la pintura de los rodillos con una espátula en curva o alguna herramienta de limpieza.

Use una herramienta giratoria para remover la pintura y el solvente de las brochas y rodillos.

Peine las brochas con la parte dentada de la herramienta de limpieza para alinear las cerdas para su secado apropiado.

Limpieza de la fachada de madera ▸

La fachada de madera puede tener una larga vida y buena durabilidad, pero es necesario de un mantenimiento regular. Si la fachada ha sido pintada con tinturas de acabado, la luz solar harán que el color se destiña lentamente. Después de un tiempo, el color perderá su capacidad de protección y la madera se tornará de un color grisáceo. La áreas que no reciben luz solar también están expuestas a otros problemas. Estas áreas pueden permanecer húmedas y atraer moho o el crecimiento de algas y pueden podrirse.

Para contrarrestar el descolorido y la podredumbre, limpie por completo la fachada cada dos años y aplique una capa nueva de sellador y pintura. Si la fachada se está opacando pero todavía no se ha descolorido, solo lávela con agua y jabón para remover el mugre y desechos, y luego aplique tintura otra vez. Si se ha tornado gris, pero no muestra deterioro, use un limpiador para terrazas, seguido de una lavada total para restaurar su color original. Si encuentra moho y crecimiento de algas, use una solución diluida de fosfato sódico tribásico, o un limpiador biodegradable, y aplíquelo con un atomizador para erradicar el daño. Cepille las áreas por completo y luego lave todos los químicos.

Antes de empezar cubra con tiras de plástico todas las plantas, salidas eléctricas, puertas y ventanas para protegerlas. Rocíe las plantas debajo del plástico para evitar que se recalienten con el calor del sol. Siempre use gafas protectoras y el equipo de seguridad requerido cuando trabaje con químicos o agua a presión. Lave a presión usando el equipo apropiado. Estas máquinas son excelentes para limpiar, pero su poder puede averiar la fachada si no se usa con cuidado.

Herramientas y materiales ▸

Manguera y pistola de atomizador
Atomizador manual

Escoba de cerdas duras
Lavador a presión (opcional)

Tiras de plástico
Limpiador de terrazas

Fosfato sódico tribásico granulado o limpiador biodegradable

Consejos de limpieza

Para limpiezas rutinarias: Si la tintura de la madera se ha desvanecido, pero la madera está en buena condición, use una manguera de jardín para lavar la tierra y polvo de la superficie. Puede también usar un atomizador para aplicar jabón diluido para limpiar manchas livianas. Deje secar toda la fachada completamente por un par de días antes de pintar de nuevo.

Para revitalizar madera descolorida: Por lo general puede restaurar el color de la madera natural del cedro o ciprés usando un limpiador comercial para terrazas con una fórmula o agente brillante. Aplíquelo con un atomizador manual y déjelo que se absorba siguiendo las instrucciones del fabricante. Quizás tenga que usar un cepillo con cerdas duras o una escoba fuerte para hacer penetrar el químico dentro de la madera.

Uso de atomizadores para pintar

Los equipos para atomizar pueden acelerar su trabajo de pintura, pero necesitará hacer de todos modos los mismos preparativos como si fuera a trabajar con brochas y rodillos. Parte de la preparación incluye no sólo cubrirlas superficialmente, sino cubrir por completo con plástico las puertas y ventanas, y otras áreas que no desea manchar con pintura.

Los equipos para atomizar pueden adquirirse o alquilarse en centros de materiales para construcción. Existen muchas clases y modelos, incluyendo los de 'alto volumen–baja presión' (HVLP), sin aire, asistido sin aire, y electro-estático mejorado. Todos funcionan de la misma forma (atomizando la pintura y dirigiéndola sobre la superficie en forma de rocío o abanico). En el presente proyecto se utilizó el atomizador HVLP, el cual recomendamos porque produce menor desperdicio al rociar y es más eficiente que otro tipo de atomizador.

Siempre siga todas las instrucciones de seguridad al utilizar el equipo. Debido a que la pintura se encuentra a alta presión, no sólo puede afectar la piel, pero también puede inyectar gases tóxicos en el sistema circulatorio si es usado en forma incorrecta. Utilice los elementos de seguridad y protección recomendados, como gafas y máscara para respirar, cada vez que use estos equipos.

Al igual que con cualquier otro tipo de aplicación de pintura, ponga atención a los cambios del clima. No trabaje si va a llover o si está haciendo mucho viento ya que el aire puede mover las partículas de pintura a otros lugares.

Herramientas y materiales ▶

Navaja / Pintura
Equipo atomizador
Gafas de seguridad
Máscara para respirar
Cinta para enmascarar

Tiras de plástico
Láminas de cartón
Trapo de lana
Tarro de 5 galones

Los atomizadores para pintar le permiten cubrir áreas grandes de fachada o molduras en corto tiempo. También facilita la pintada de superficies difíciles de pintar con brochas o rodillos.

Cómo pintar con un atomizador de pintura

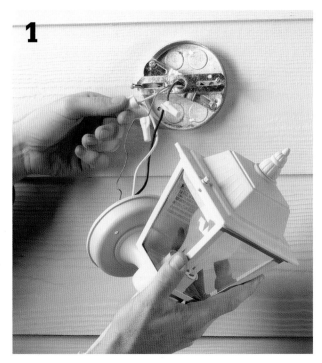

1

Remueva los aparatos eléctricos, las cubiertas de las puertas y ventanas, y cualquier otro elemento desmontable que no desee pintar. Corte la electricidad antes de quitar los aparatos.

2

Cubra las puertas y ventanas, y cualquier otra superficie que no quiere pintar, con plástico y cinta para enmascarar.

3

Filtre la pintura a través de un trapo de lana para remover partículas y mugre. Mezcle toda la pintura en un balde de 5 galones y luego llene el tanque del atomizador.

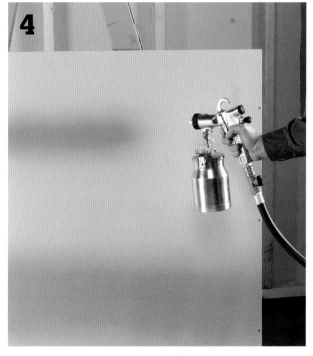

4

Ensaye atomizando un retazo de madera o contrachapado. Ajuste la presión hasta que pueda aplicar la pintura en forma de 'abanico' sin dejar líneas marcadas en los bordes del patrón de aplicado.

(continúa)

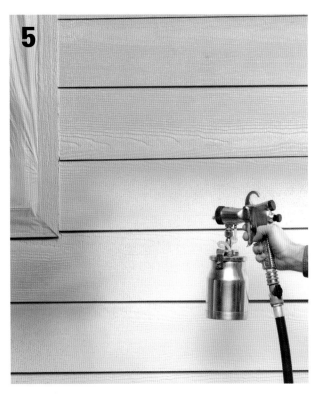

Pinte alrededor de las puertas y ventanas. Aplique la pintura a lo largo de cada lado en forma pareja.

Si ha aplicado pintura en exceso en una sola área y comienza a correrse, pare de pintar. Use una brocha para esparcir el exceso y eliminar los derrames.

Sostenga el atomizador perpendicular a la pared a unas 12" de distancia de la superficie. Comience a pintar cerca de la parte superior y cerca de la esquina. Mueva todo el brazo en lugar de sólo la mano, en un movimiento rítmico de lado a lado. No mueva el brazo en forma de arco. Comience a mover el brazo y luego aplique la pintura.

Distribuya la pintura con movimientos iguales. No incline el atomizador. A medida que mueve el brazo de adelante hacia atrás, traslape la pintura de un 20 a 30 por ciento. Trabaje de arriba hacia abajo de la pared. Suelte el gatillo del atomizador antes de detener el movimiento.

Cómo pintar puertas con un atomizador de pintura

Remueva la puerta quitando todas las bisagras. Quite todos los accesorios de la puerta, como las manijas y cerraduras. Si la puerta tiene elementos de vidrio, puede cubrirlos o dejar que se pinten y luego rasparlos con una cuchilla después que estén secos.

Coloque la puerta en posición vertical. Comience a aplicar la pintura desde la parte de arriba. A medida que la cubre, pase el atomizador un poco más allá de los bordes antes de regresar en la dirección opuesta. Espere hasta que la pintura esté completamente seca, luego voltee la puerta y pinte el otro lado.

Aplicar tintura sobre la fachada

Las tinturas agregan color a la fachada de madera, pero debido a que es parcialmente transparente, también permite que las vetas de la madera natural sobresalgan en forma llamativa. Las tinturas a base de agua son aplicadas con brochas acrílicas o sintéticas. Las de base de aceite son aplicadas por lo general con brochas de cerdas naturales.

Al pintar, trabaje en secciones pequeñas a la vez. Complete toda la sección horizontal del panel sin detenerse en la mitad. A diferencia de la pintura, la tintura puede dejar marcas u oscurecerse si pinta de nuevo un área después que se ha secado. Pinte las molduras hasta el final y aplique la tintura por separado para lograr una cubierta pareja.

La aplicación de tintura requiere de la misma preparación de la superficie como para aplicar pintura. Debe estar limpia y seca. Evite trabajar bajo la luz directa del sol para que no se seque con rapidez. Siga las recomendaciones del fabricante antes de iniciar la aplicación. Algunas tinturas no pueden ser aplicadas a temperaturas menores a 50°F.

Herramientas y materiales ▸

Brochas o espumas   Trapos
    para pintar   Tintura

La tintura de la madera exterior resalta su color y la protege contra los elementos. Debe ser aplicada cada 2 a 4 años.

La tintura para madera de exteriores
de fachadas o terrazas es vendida en tres
fórmulas primarias: sólida, semi-transparente
y transparente.

**Tintura de
color sólido**

**Tintura semi-
transparente**

**Acabado transparente
para madera**

Utilice un atomizador HVLP para aplicar
la tintura para la madera de fachada. Disuelva
la tintura si es recomendado por el fabricante
del atomizador.

Utilice un rodillo para aplicar tintura
sobre superficies burdas, como las fachadas
T1-11. Las extensiones de los rodillos le
permitirán pintar las partes altas de las
paredes. Use un rodillo de espuma gruesa
(aquí se muestra uno de ⅝" de espesor).

Reparaciones de techos y fachadas

Las fuerzas de la naturaleza pueden ser crueles con el techo y fachada de una vivienda. La luz del sol comba y raja los techados de asfalto, y los vientos fuertes pueden desprender unas cuantas tejas. La humedad crea goteras durante el verano y primavera, y adiciona cientos de libras de peso con el hielo y la nieve acumulados durante el invierno. Además, hay que tener en cuenta los accidentes y catástrofes ocasionales: caídas de ramas de árboles durante las tormentas, los golpes sobre la fachada causados por las bolas de béisbol, o aquellos pájaros que intentan convertir el alero de la casa en su vivienda permanente. De alguna forma, las reparaciones de los techos y fachadas tarde o temprano llegan a ser parte de su lista de proyectos.

Anímese: El siguiente capítulo le mostrará cómo evaluar y llevar a cabo una variedad de reparaciones sobre el techo y la fachada. La mayoría de los proyectos pueden terminarse en no más de un día, así que tendrá tiempo para hacer otras cosas que le agraden. Aún cuando si no tiene ningún problema de esta índole en este momento, examine los siguientes proyectos y podrá estar listo cuando le llegue su turno.

En este capítulo:

- Inspeccionar y reparar un techo
- Limpieza de los techos
- Evaluación de fachadas y molduras
- Reparación de la fachada
- Reparación de paredes de cemento
- Reparación de paredes de estuco
- Arreglos de facia de madera y aleros
- Reparación de canales
- Reparación de molduras

Inspeccionar y reparar un techo

Un sistema de techado está compuesto de varios elementos que trabajan en conjunción para prestar tres básicas funciones en la vivienda: abrigo, protección contra la humedad y ventilación. La cubierta del techo y las láminas de protección están diseñadas para dirigir el agua hacia las canales, y de allí a las bajantes. Los conductos de entrada y salida mantienen el aire fresco circulando debajo de la base del techo evitando la acumulación de humedad y calor.

Cuando el techo presenta problemas que comprometen su habilidad para proteger la casa (tejas rajadas, ventilación bloqueada, o daños en las láminas contra la humedad), el daño se esparcirá rápidamente por el resto de la casa. Las inspecciones rutinarias son la mejor forma de garantizar que el techo seguirá protegiendo la casa en forma efectiva.

Herramientas y materiales ▸

Cinta métrica	Lámina de reemplazo
Brocha con cerdas de metal	Techado de reemplazo
Tijeras para cortar latón	Cemento para techo
Paleta	Puntillas para techo
Barra plana de palanca	Contrachapado
Martillo / Navaja	Puntillas de doble cabeza
Pistola para silicona	Puntillas con arandelas de caucho

Consejos para identificar problemas en el techo

La acumulación de hielo sucede cuando la nieve derretida se congela de nuevo cerca de los bordes del techo causando que el hielo se acumule debajo del techado. Allí el hielo se derrite al interior del techado y se introduce dentro de la casa.

Inspeccione tanto al interior como al exterior del techo. Desde el interior del ático, inspeccione las vigas y la base del techo en busca de daños por agua. Los daños aparecerán en forma de rayas o decoloración. Las áreas húmedas o mojadas también son señal de daño.

Problemas comunes en el techo

El viento fuerte, el clima y los deshechos pueden averiar el techado. Las áreas cerca de las láminas contra la humedad y los bordes tienden a ser las más afectadas. Las tejas rajadas, sueltas o partidas son comunes en estas áreas.

El brote del techado por lo general es causado por humedad en su interior. Las áreas sueltas crean puntos de entrada de humedad y dejan el techado vulnerable al daño.

El hundimiento de los bordes frontales del techo puede ser causado por el peso de muchas capas de techado. También puede ser causado por un problema mucho más crítico, como un madero podrido del caballete o soporte insuficiente del mismo.

El mugre y los deshechos atraen humedad y podredumbre, que afectan la vida útil del techo. Lave el techo con cuidado una vez al año con agua a presión. Ponga atención a las áreas donde podría acumularse de moho y musgo.

En los climas húmedos, es recomendable clavar una tira de metal de zinc a lo largo del caballete central (debajo de la cubierta del caballete). Cantidades mínimas de zinc se deslizarán del techo cada vez que llueve eliminando el moho y musgo del techo.

Las ramas de árboles colgando sobre los techos desprenden desperdicios y crean sombra que facilita la acumulación de moho y algas. Corte esas ramas para reducir problemas de ese tipo.

Cómo localizar y evaluar las goteras

1

Si tiene un ático sin terminar, examine la parte interior del techo usando una linterna, o en un día lluvioso. Si encuentra áreas húmedas o descoloridas, u otras señales de humedad, ubique el origen y marque el sitio de entrada del agua.

2

El agua que fluye hacia una pared puede ser desviada temporalmente para minimizar el daño. Clave un trozo pequeño de madera en la ruta de la gotera y coloque un tarro debajo para acumular el agua. En un día seco clave una puntilla desde abajo del techo para marcar el hueco a reparar.

3

Si la gotera ha llegado hasta el cielo raso, haga lo necesario para minimizar el daño hasta que pueda reparar la gotera. Reduzca la acumulación del agua sobre la superficie del cielo raso introduciendo un pequeño punzón para abrir un hueco y así drenar el agua.

4

Después de marcar la fuente de la gotera desde adentro, mida desde ese punto hasta el lugar que será visible e identificable desde afuera de la casa (como una chimenea, un conducto de ventilación, o el caballete del techo). Suba al techo y use esa medida para localizar la gotera.

Cómo hacer reparaciones de emergencia

Si el techo está severamente averiado, el objetivo inicial es prevenir más daño hasta que pueda hacer reparaciones permanentes. Clave una lámina de contrachapado sobre el daño del techo como cubierta de emergencia para la protección contra el viento y agua. *Consejo: Use puntillas de doble cabeza que pueden removerse con facilidad. Llene los huecos con cemento para techo después de terminar la reparación.*

Cubra el área averiada clavando tiras de maderas alrededor de los bordes del plástico o lona de protección.

Cómo hacer arreglos pequeños con cemento para techo

Para volver a adherir una teja suelta, limpie el papel de fieltro y la teja por debajo. Deje secar ambas partes y luego aplique suficiente cemento para techo. Presione la pieza sobre la capa de cemento. *Consejo: El calor suaviza la superficie del techo y el frío la hace quebradiza. Si es necesario, caliente un poco la pieza de techado con un secador de cabello para que sea más fácil trabajarla y no se quiebre con facilidad.*

Introduzca piezas de techado debajo de las brotadas. Limpie primero el área y luego llénela con cemento para techo. Presione la pieza sobre el cemento. Arregle tejas quebradas y separaciones con cemento para techo.

Revise las uniones alrededor de la lámina contra la humedad. Estos son puntos comunes donde ocurren goteras. Cierre las separaciones limpiando el área por completo y reemplazando cualquier unión averiada de cemento que encuentre.

Cómo reemplazar techado de asfalto

1

2

3

Remueva el techado averiado comenzando desde la pieza más alta del área afectada. Tenga cuidado en no dañar las piezas alrededor en buena condición.

Quite las puntillas viejas sobre el área y arriba de la misma usando una barra plana de palanca. Arregle el papel de fieltro con cemento para techo.

Instale las piezas de reemplazo comenzando con la pieza más baja del área a reparar. Clávela sobre la lengüeta superior con puntillas para techo de ⅞ ó 1".

4

5

Instale todas las piezas de techado con puntillas menos la última. Aplique cemento para techo por debajo de la pieza superior por encima de la línea de unión.

Deslice la última pieza en su lugar debajo de la pieza traslapada. Levante las piezas por encima del área a reparar, y clave la pieza superior de techado de reemplazo.

Cómo reemplazar tablillas de madera 'shakes' y 'shingles'

Quiebre la pieza de madera usando un cincel y un martillo para removerla.

Quite las piezas. Deslice la hoja de sierra por debajo de la pieza que traslapa y corte la cabeza de las puntillas. Quite las piezas restantes con una barra de palanca.

Levante con cuidado, pero sin remover, las piezas arriba del área a reparar. Corte nuevas piezas para la hilera inferior dejando un espacio de ⅜" entre cada pieza. Clave los reemplazos en su lugar con puntillas con surcos para techados de madera. Termine todo menos la hilera superior del área en reparo.

Corte las piezas para la hilera superior. Debido a que esa hilera no puede ser clavada, use cemento para techo para instalar las piezas en su lugar. Aplique una capa de cemento donde irán a colocarse las piezas, luego deslícelas debajo de las piezas traslapadas. Presiónelas hacia abajo para asentarlas sobre el cemento para techo.

Cómo reemplazar láminas contra la humedad en intersecciones

Los techados de asfalto son más propensos a las goteras en las áreas donde se juntan secciones del techo —en las intersecciones—. A veces la lámina de metal se ha corroído o ha sido clavada erróneamente y por lo tanto se crean las goteras. O, si las tejas están puestas unas sobre otras en la intersección, quizás no hay ningún tipo de lámina por debajo, y eso crea problemas. Apenas las tejas se comienzan a deteriorar, comenzarán a aparecer las goteras. También es posible que la lámina instalada esté regresando el agua debajo del techado durante lluvias fuertes creando daños. Sin importar cuál es la causa del problema, deberá reemplazar la lámina contra la humedad, o mejorar la forma como es instalada. Si las piezas del techado están en buenas condiciones, puede llevar a cabo el arreglo sin reemplazar el techado por completo.

El proceso de reemplazo consta de cuatro pasos principales. Primero, debe remover con cuidado las piezas de techado sobre el área de intersección, para más adelante instalarlas sobre la nueva lámina. Segundo, instale un rollo de membrana autoadhesiva sobre la base del techo para crear una barrera debajo de la lámina contra la humedad.

Esto garantiza que el papel de fieltro no es la única defensa si la lámina vuelve a crear goteras en el futuro. Tercero, debe instalar una nueva lámina de aluminio sobre la intersección estilo "W", la cual no debe corroerse. Finalmente, las piezas originales del techado se instalan de nuevo sobre la lámina y se cortan para dejar la lámina parcialmente descubierta.

Herramientas y materiales ▸

Barra plana de palanca
Escoba
Navaja con cuchilla de agarre
Cinta métrica
Regla / Martillo
Doblador de metal

Tijeras para cortar latón
Membrana de base autoadhesiva
Lámina contra la humedad estilo "W"
Puntillas para techo

Antes

Después

La lámina contra la humedad en intersecciones puede repararse temporalmente para detener la gotera, pero debe reemplazarla por completo tan pronto como pueda.

Cómo reemplazar lámina contra la humedad en intersecciones

1

2

Levante con cuidado las piezas del techado en la intersección usando una barra de palanca para desprender la parte autoadhesiva y desclavar las puntillas. Las piezas son clavadas por lo general con ocho puntillas —cuatro sobre la pieza superior y cuatro sobre las lengüetas—. Ponga las piezas aparte en orden para facilitar la instalación más adelante. Remueva las piezas suficientes para exponer por completo la lámina.

Remueva la vieja lámina con una barra de palanca y saque las puntillas. Limpie por completo el área. Remueva toda la mugre. Inspeccione el papel de fieltro sobre la base. Si está roto o la base está deteriorada por la humedad, reemplácela ahora. Para más información sobre cómo reemplazar la base, vea las páginas 68 a 69.

3

4

Desenvuelva un rollo de membrana autoadhesiva de base desde el caballete hasta el borde frontal con la parte trasera del papel mirando hacia abajo. Puede usar membrana granulada. Corte el material dejándolo sobreponer un poco sobre el borde frontal.

Comenzando desde el caballete, despegue la parte trasera de la membrana para exponer la parte adhesiva. Péguela contra el papel de fieltro. Puede colocar la membrana debajo del caballete para sostenerla. Deslice el material debajo de las piezas de techado y manténgalo lo más plano y sin arrugas posible. Debe hacer contacto por completo con el techo y quedar sin separaciones sobre la base de la intersección, o puede cortar y rajar el pegamento.

(continúa)

Coloque la primera pieza de lámina en su lugar traslapando el borde frontal. Use una regla para marcar las líneas de corte sobre la lámina que empaten con el ángulo de las secciones del techo. Corte la lámina más o menos 1" sobre el borde del techo para que pueda doblarla sobre la canal de borde. Esto evita la acumulación de hielo durante el invierno.

Use un doblador de metal para doblar la lámina traslapada sobre el borde frontal del techo. Corte lengüetas en el área de muesca de la lámina y dóblela sobre el caballete levantado para cerrar ese espacio.

Coloque la lámina de borde con cuidado y clávela con puntillas para techo de ⅞" espaciadas cada 12". Clave las puntillas a 1" de distancia del borde de la lámina.

Después de clavar la primera tira de lámina, coloque la segunda tira traslapando la primera 1 pie de distancia. Pida ayuda para trazar una línea con tiza desde el borde frontal hasta el caballete para asegurarse que las láminas están quedando derechas a lo largo del caballete central. Haga los ajustes necesarios y clave la segunda pieza en su lugar. Continúe instalando láminas hasta llegar al caballete y corte el sobrante con tijeras para cortar latón.

Coloque las piezas del techado una vez más en su posición a lo largo de la lámina. Comience desde abajo hacia arriba. Clave las piezas en el mismo patrón como si lo hiciera por primera vez.

Levante con cuidado los bordes de las piezas que traslapan y clávelas contra la lámina a 1" del borde.

Pida ayuda para trazar una línea con la cuerda de tiza a partir del caballete hasta el borde frontal para marcar la línea de cortado de las piezas que traslapan. Trace la línea para que unas 3" de la lámina quede expuesta a la altura del caballete, y unas 6" queden expuestas sobre el borde frontal. La zona más ancha expuesta sobre la parte inferior facilitará el desagüe de más cantidad de agua sin rebosar la lámina.

Corte el área traslapada de cada pieza de techado a lo largo de la línea marcada en el primer lado. Repita el proceso de colocado, clavado, marcado y cortado en el otro lado hasta finalizar la intersección. Deslice un trozo de madera debajo de las piezas para proteger la lámina a medida que las corta.

Cómo reemplazar lámina intermedia

Doble con cuidado la lámina incrustada o la fachada que cubre la lámina averiada. Corte el adhesivo de cemento y retire las piezas de techado. Use una barra plana para quitar la lámina. *Consejo: Cuando reemplace lámina alrededor de estructuras de cemento, como chimeneas, use metal galvanizado o de cobre. La cal del cemento puede corroer el aluminio.*

Corte la nueva lámina a la medida, y aplique cemento para techo sobre todos los bordes expuestos. Incruste la lámina en su lugar comprobando que queda traslapada por la lámina superior, y traslapa a su vez la lámina y techado inferior.

Clave una puntilla para techo a través de la lámina en la esquina inferior al interior del techo. No clave la lámina contra el elemento vertical del techo (como la chimenea).

Coloque las piezas de techado y la lámina alrededor del elemento, y selle todas las uniones con cemento para techo.

Limpieza de los techos

Si vive en una zona costera, o en un área de bosques, el techado de asfalto puede presentar manchas decolorantes debido al moho y al crecimiento de algas. Teniendo en cuenta que son sólo manchas y no crecimiento real de hongos o moho (señales de problemas más serios de humedad), puede remover las manchas con facilidad y hacer que el techo luzca como nuevo una vez más. El proceso incluye atomizar el techado con una solución de cloro (el usado en piscinas o albercas) y un líquido detergente, y luego lavarlo con una manguera de jardín. El cloro matará las algas de inmediato y dará brillo al tejado, y seguirá trabajando de esa forma días después del tratamiento. Rocíe agua sobre los arbustos y áreas adyacentes primero, en especial en los sitios de desagüe, para ayudar a diluir el químico.

Tenga mucho cuidado al caminar sobre el techo mojado. Use zapatos con suela suave de caucho para mayor tracción, y protéjase contra el cloro vistiendo un impermeable y gafas de seguridad. Escoja un día calmado y nublado para hacer el trabajo.

Si el techo tiene un ángulo de inclinación pronunciado, no lleve a cabo el trabajo; en su lugar contrate un profesional en este tipo de limpieza.

Herramientas y materiales ▸

Escalera
Atomizador
Manguera de jardín
   con boquilla

1 galón de líquido de
   cloro para piscina
Detergente líquido
   para lavar platos

Cómo limpiar un techado de asfalto

Prepare el limpiador. Mezcle un galón de cloro para piscinas y una onza de detergente líquido para platos al interior de un atomizador. Lleve puestos guantes protectores y gafas de seguridad. *Consejo: Rocíe los arbustos y el patio con agua para diluir cualquier rezago de químico esparcido.*

Aplique el limpiador. Trabajando desde el caballete hacia abajo, aplique la solución con un atomizador para jardín en secciones de 6 a 10 pies de grande. Trabaje rápido para que pueda enjuagar el área mientras que la solución esté todavía mojada. Lleve puesta ropa protectora, zapatos con suela de caucho, y gafas adecuadas cuando trabaje con estos químicos.

Enjuague los químicos con una manguera de jardín y agua limpia. No use una manguera a presión en este paso —eso desprenderá gránulos del techado acortando su vida útil—. Tenga mucho cuidado cuando esté cerca de los bordes. Después de aplicar el químico, eche una segunda capa con una mezcla de agua y cloro (mitad y mitad). Enjuague por completo la segunda capa con agua limpia antes que se seque el cloro.

Evaluación de fachadas y molduras

El primer paso al inspeccionar y evaluar la fachada y moldura, es identificar el material usado en la vivienda. Una vez determinado, inspeccione con cuidado el área afectada y establezca el mejor método para la reparación. Si la fachada está todavía cubierta por la garantía, lea por completo esa información antes de iniciar cualquier arreglo. Si hace reparaciones usted mismo puede invalidar las condiciones de la garantía. Si la fachada fue instalada por un profesional, consulte con la entidad apropiada acerca de las reparaciones.

Fuera de lucir antiestético, los problemas pequeños pueden transformarse en grandes y más costosos de reparar. Apenas descubra algún problema con la fachada, haga lo necesario para repararlo de inmediato, en especial si existe la posibilidad de filtración de agua.

Examine el estado de la moldura de las puertas y ventanas en especial en las áreas horizontales y en las uniones. Trate de hacer los arreglos sin quitar los moldes.

Consejos para inspeccionar las molduras

Inspeccione la moldura decorativa, como la mostrada en este ejemplo. Si cree que está averiada, quítela y repárela en forma adecuada.

Examine las piezas anchas de moldura, como el molde esquinero mostrado en esta foto, y repárelo siguiendo las mismas técnicas de la fachada.

Problemas comunes en la fachada

La separación de las uniones puede presentarse en cualquier clase de fachada, pero es más común en la de madera. Las separaciones entre ⅛ y ¼" pueden ser cubiertas con silicona. Las de ⅜" o más anchas pueden indicar que la estructura tiene serios daños de humedad o movimiento. Consulte un inspector de construcción.

Las combas suceden con más frecuencia en la fachada prefabricada. Aquí los espacios de expansión son demasiado pequeños en los sitios donde se encuentran canales y moldes. En lo posible, mueva los canales un poco para dar más campo a la fachada. Si no es posible, quite la fachada, córtela a la medida e instálela de nuevo.

Los daños menores sobre la superficie de la fachada de metal pueden dejarse así en la mayoría de los casos —si el daño no ha penetrado la superficie—. Los remiendos sobre los productos de metal por lo general lucen peor que el mismo daño.

Una pieza perdida, como una tablilla de cedro que fue sacada por el viento, debe ser reemplazada de inmediato. Examine las tablillas adyacentes para confirmar que están seguras.

Reparación de la fachada

Los daños sobre las fachadas son muy comunes, pero a su vez son fáciles de reparar. Los huecos medianos o pequeños, rajaduras o áreas podridas pueden ser arregladas con masillas, o reemplazando las áreas afectadas por material similar.

Si no puede conseguir partes similares para hacer la reparación en los centros de distribución, busque en sitios de venta de materiales de demolición o fabricantes de fachadas. Cuando repare aluminio o vinilo, contacte el fabricante o a la persona que instaló la fachada para localizar las mismas partes y materiales. Si no puede reemplazar el material, quite una parte de una sección menos visible, como la parte trasera del garaje, y utilícela para el arreglo. Cubra el lado descubierto con material similar donde se notará mucho menos.

Herramientas y materiales ▸

Tijeras para cortar latón
Pistola para silicona
Taladro / Martillo
Barra plana de palanca
Regla / Navaja
Cinta métrica
Herramienta de agarre
Cincel / Llana
Destornilladores
Sierra para metales
Sierra circular
Sierra de vaivén
Sierra para el
 hueco inicial
Punzón para hundir las
 cabezas de puntillas
Buscador de vigas
Brocha para pintar

Masilla de
 resina epóxica
Adhesivo epóxico
Puntillas anilladas
 galvanizadas
 para fachada
Silicona acrílica
Cemento para techo
Papel de fieltro 30#
Base para techo
Molduras
Fachada de reemplazo
Cubiertas finales
Preservativo
 para madera
Sellador
Pintura o tintura
Lija para metal

Canal 'J'

Tira de clavado

Corte de la foto mostrado para mayor claridad

Los paneles de la fachada de vinilo o metal tienen un canal de amarre 'J' colocado sobre la tira de clavado de la hilera inferior. Para quitarlo, use la herramienta de agarre para separar los paneles (foto anexa). Inserte la herramienta sobre la unión más cercana al área a reparar. Muévala sobre el canal 'J' moviéndola hacia afuera un poco para desconectar la unión del panel inferior.

Cómo reparar la fachada de vinilo

Comenzando en la unión más cercana al daño, desconecte las piezas con una herramienta de agarre. Inserte separadores entre los paneles, luego remueva los conectores del panel averiado usando una barra plana de palanca. Corte el área afectada con tijeras para cortar latón. Corte la pieza de reemplazo 4" más larga que el área abierta y corte 2" de la tira de clavado en cada lado. Introduzca la pieza en su posición.

Clave puntillas de fachada en la tira de clavado, luego coloque la punta de la barra plana sobre la cabeza de cada puntilla. Martille las puntillas con la barra. Coloque un retazo de madera entre la barra y la fachada para evitar dañar los paneles. Introduzca el canal de agarre en la pieza que traslapa sobre la tira de clavado de la pieza de reemplazo. Consejo: Si el panel está averiado cerca de la esquina, puerta, o ventana, reemplace el panel completo. Esto elimina una unión más.

Cómo reparar la fachada de aluminio

Corte el área averiada con tijeras para cortar latón. Deje un espacio abierto sobre la pieza inmediatamente arriba para utilizarla como superficie de pegado. Corte el parche 4" más grande que el área a reparar. Quite la tira de clavado. Suavice los bordes con lija para metal.

La superficie de pegado se deja intacta

Clave el parche inferior en su lugar con puntillas para fachada a interior de la pestaña de clavado. Aplique cemento para techo detrás de la pieza superior y presiónela en su lugar. Introduzca el canal de seguridad sobre la tira de clavado de la pieza inferior. Cubra con silicona las uniones.

Cómo reemplazar las cubiertas finales de aluminio

Remueva la cubierta averiada. Si es necesario, use la barra de palanca para soltar la parte inferior, luego corte a lo largo de la parte superior con una sierra para cortar metal. Comenzando desde abajo, instale las cubiertas de reemplazo clavándolas con puntillas para terraza sobre las lengüetas de clavado al interior de las vigas de la pared.

Corte las lengüetas de clavado de la cubierta superior. Aplique por detrás cemento para techo. Introduzca la cubierta al interior de los canales de seguridad. Presione la cubierta en su lugar.

Cómo reemplazar las fachadas con paneles verticales

Quite las molduras sobre los tableros averiados. Use una barra de palanca para remover los tableros por completo. Inspeccione el papel de base y reemplácelo si es necesario.

Corte los tableros de **reemplazo** usando el mismo tipo de material. Deje ⅛" de espacio entre las uniones. Aplique sellador a la parte posterior y los bordes de las nuevas piezas. Déjelas secar.

Clave los nuevos tableros en su posición con puntillas de anillos. Reemplace los listones verticales y cualquier otra moldura. Aplique sellador y pintura a los nuevos tableros con el mismo color del resto de la fachada.

Cómo reemplazar tablillas de madera 'shakes' y 'shingles'

Corte y quite las tablillas averiadas con un martillo y cincel. Inserte separadores de madera debajo de las tablillas arriba del área a reparar e introduzca una sierra por debajo para cortar las cabezas de puntillas restantes.

Corte las tablillas de reemplazo a la medida. Deje de ⅛ a ¼" de espacio en cada lado. Pinte toda la tablilla con preservativo para madera. Introduzca las nuevas piezas por debajo de las tablillas superiores. Clave puntillas cerca de la parte superior del área expuesta. Cubra la cabeza de las puntillas con silicona. Quite los separadores.

Cómo reemplazar fachadas horizontales

Si el daño ha sido causado por agua, localice y repare la filtración o cualquier otra causa del problema.

Marque el área que necesita ser reemplazada. Trace las marcas sobre el centro de las vigas de la estructura en cada lado del área a reparar, intercale los cortes sobre las vigas. *Consejo: Use un localizador de vigas electrónico o ubique la cabeza de las puntillas sobre las vigas.*

Inserte separadores debajo del panel arriba del área a reparar. Abra huecos de entrada en la parte superior de las marcas de corte. Use una sierra de punta. Corte los paneles y remuévalos. Desclave todas las puntillas con una barra o corte las cabezas con una sierra para metal. Arregle o reemplace la base y el papel de construcción si es necesario.

Mida y corte los paneles de reemplazo. Deje un espacio de ⅛" en cada extremo. Use los paneles viejos como plantillas para trazar las aberturas de los diferentes accesorios sobre la pared. Use una sierra de vaivén para hacer los cortes. Aplique sellador o algún preservativo para madera en las puntas y parte trasera de los paneles. Déjelos secar.

Clave los nuevos paneles con puntillas para fachada. Comience desde el panel inferior en el área reparada. Clave las piezas contra las vigas sobre la parte inferior del panel nuevo y la parte superior del panel interior. *Consejo: Si remueve la hilera inferior de la fachada, clave una tira de clavado inicial de 1 × 2 a lo largo de la parte inferior del área reparada.*

Llene las uniones de expansión con silicona. Use silicona para pintura o para tintura de acuerdo a la superficie donde se vaya a instalar. Aplique sellador, pintura o tintura sobre los paneles para empatar el color del resto de la fachada.

Reparación de paredes de cemento

Las reparaciones sobre este tipo de paredes no darán un buen resultado si no se corrigen primero las causas internas que están creando el daño. Por ejemplo, los ladrillos de una pared pueden separarse si la estructura todavía está expuesta a presiones que afectan el daño original.

Identifique la naturaleza y causa de los problemas antes de iniciar la reparación. Examine las causas obvias, como las raíces demasiado crecidas de un árbol, o las canales atascadas de mugre que están ocasionando filtraciones en la pared. También revise el declive de la superficie a su alrededor para establecer si necesita re-diseñarse para dirigir el agua lejos de los cimientos de la estructura. Una vez esté segura que ha eliminado el problema, estará listo para reparar el daño.

En las paredes que presentan daños internos, remueva sólo la sección averiada dejando las hileras superiores intactas si están en buena condición. No quite más de cuatro ladrillos adyacentes en un área. Si el daño es más grande, requerirá de soporte temporal, el cual es un trabajo para profesionales.

Herramientas y materiales ▸

Taladro con disco para cortar concreto
Cincel para concreto
Martillo
Brocha para pintar
Palustre de punta

Palustre para cemento
Herramienta para uniones
Mezcladora de concreto
Fortificante de concreto
Tintura para concreto

Tipos de problemas con ladrillos

El deterioro en las uniones de cemento es común y por lo general es más esparcido que los daños sobre los ladrillos. Si encuentra daños de este tipo, use un destornillador para probar si las áreas adyacentes están firmes. Remueva el cemento suelto de las uniones afectadas y aplique nueva mezcla.

El daño sobre la superficie de los ladrillos sucede cuando hay humedad atrapada al interior y es expuesta al continuo congelamiento y derretido. Esto crea la presión suficiente para fracturar los ladrillos. Si el daño es contenido en un área pequeña, sólo tiene que reemplazar los ladrillos afectados (página opuesta). De lo contrario, deberá reemplazar toda la estructura.

Cómo reemplazar un ladrillo averiado

Use un esmeril en ángulo con un disco para cortar concreto para marcar el ladrillo averiado y las uniones de cemento adyacentes.

Corte el ladrillo alrededor de las marcas usando un cincel y un martillo. Si debe remover varios ladrillos, hágalo desde arriba hacia abajo una hilera a la vez. Tenga cuidado en no averiar los ladrillos circundantes.

Remueva con un cincel los restos del cemento en la cavidad, luego use un cepillo con cerdas de metal para quitar el mugre. Lave el área con agua. Consejo: Conserve algunos fragmentos de los ladrillos rotos para usar el color como referencia al comprar los ladrillos de reemplazo.

Mezcle el cemento y agregue fortificante de concreto y tintura, si es necesario, para empatar el color del viejo cemento. Use un palustre de punta para aplicar una capa de mezcla de 1" de espesor sobre la base de la cavidad y a los lados.

Moje un poco el ladrillo de reemplazo y aplique cemento sobre la parte superior y a los lados. Introduzca el ladrillo en la cavidad golpeándolo un poco con el mango del palustre hasta que quede a ras con la pared. Si es necesario presione más mezcla en las uniones con el palustre de punta.

Remueva el cemento de sobra con un palustre. Suavice las uniones con una herramienta puntiaguda a la misma textura de las uniones alrededor. Deje secar la mezcla hasta que quede quebradiza y luego quite el exceso con un cepillo.

Reparación de paredes de estuco

Aún cuando el estuco es muy durable, puede averiarse y con el tiempo desprenderse o rajarse. Las instrucciones a continuación son recomendadas para reparaciones pequeñas de menos de 2 pies². En daños más extensos, el reparo es hecho en capas, como se muestra en la página opuesta.

Herramientas y materiales ▸

Pistola para silicona
Brocha para
    pintar desechable
Espátula / Palustre
Palustre de punta
    cuadrada
Martillo / Adhesivo
Escobilla de mano
Cepillo de alambre
Cincel para concreto
Tijeras para cortar latón
Barra de palanca
Taladro con broca
    para concreto

Herramienta para raspar
Sellador para metal
Componente para
    reparar estuco
Alcohol desnaturalizado
Mezcla de estuco
Pintura para concreto
Puntillas para techado
    de 1½"
Papel de construcción 15#
Malla de metal galvanizado
    autoadhesiva
Silicona para concreto
Tintura / Soporte de metal

Cubra las grietas sobre las paredes de estuco con silicona para concreto. Llene la ranura hasta que quede a ras con la pared. Deje secar la silicona y luego pinte el remiendo del mismo color de la pared. Esta silicona es de estructura flexible y previene rajaduras posteriores.

Cómo reparar áreas pequeñas

Remueva el material suelto del área a reparar usando un cepillo con cerdas de metal. Use el cepillo para quitar el óxido de la malla de metal. Aplique una capa de sellador para metal sobre la malla.

Aplique el estuco pre-mezclado para reparar sobre el área de remiendo. Llene un poco más el hueco con una espátula o un palustre. Lea las indicaciones del fabricante en cuanto al tiempo de secado.

Suavice el remiendo con una espátula o un palustre. Empareje los bordes con el área contigua. Use una escobilla de mano o un palustre para crear la textura original. Deje secar el remiendo por varios días, luego termínelo con la pintura correcta.

Cómo reparar áreas grandes

Abra un orificio inicial con un taladro con broca para concreto. Use un cincel y martillo para quitar el estuco a reparar. *Nota: Lleve puestas gafas protectoras y máscara para respirar al cortar el estuco. Corte la malla de metal al tamaño correcto y clávela sobre la superficie de la base con puntillas para techado. Traslape las piezas 2". Si el parche se extiende hasta la base de la pared, instale un soporte de metal en la parte inferior.*

Para mezclar el estuco, combine tres partes de arena, dos partes de cemento Portland, y una parte de cemento normal. Agregue agua suficiente para que la mezcla mantenga la consistencia cuando la presione (ver foto anexa). Mezcle sólo la cantidad que va a usar en una hora. *Consejo: El estuco pre-mezclado funciona bien en trabajos pequeños. En remiendos grandes, es recomendable crear su propia mezcla.*

Aplique una capa de estuco de ⅜" de espesor sobre la malla de metal. Presione la mezcla hasta que llene todos los espacios en la malla y llegue hasta la base. Haga marcas horizontales sobre la superficie aún mojada usando una herramienta para raspar. Deje secar el remiendo por dos días rociándolo con agua cada dos a cuatro horas.

Aplique una segunda capa suave de estuco. Déjela a ¼" de distancia de la superficie original. Deje secar el remiendo por dos días rociándolo con agua cada dos a cuatro horas.

Combine la mezcla de estuco de acabado con suficiente agua para mantener su forma. Moje el área remendada y aplique la capa de acabado hasta emparejar la superficie original. Rocíe el remiendo periódicamente por una semana. Déjelo secar por completo varios días antes de pintarlo.

Arreglos de facia de madera y aleros

La facia y los aleros dan el toque final a los techos y son parte esencial de la durabilidad del techado. Un alero con un buen sistema de ventilación evita la acumulación de humedad debajo del techo y el ático.

La mayoría de los problemas en la facia y los aleros pueden ser corregidos cortando las secciones averiadas y reemplazándolas por nuevas. Las uniones entre los paneles de la facia se clavan contra las vigas de la estructura. Los aleros por su parte pueden ser dejados en su sitio durante los arreglos.

Herramientas y materiales ›

Sierra circular
Sierra de vaivén
Taladro / Espátula
Martillo / Cincel
Barra plana
    de palanca
Punzón para hundir
    las cabezas
    de puntillas
Pistola para silicona

Brocha para pintar
Materiales de reemplazo
Tiras de clavado
Tornillos galvanizados
    para terraza (2", 2½")
Puntillas galvanizadas 4d
Silicona de acrílico
Sellador
Pintura

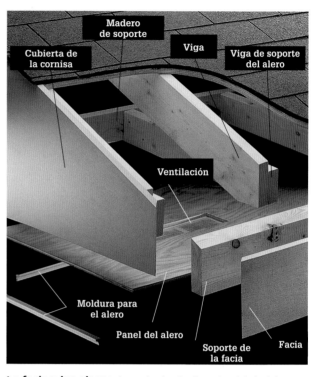

La facia y los aleros cierran los bordes frontales debajo del techo colgante. La facia cubre la punta de las vigas y sus soportes y crea la superficie para conectar las canales. Los aleros son paneles protectores que se extienden a lo largo del área entre la facia y el lado de la vivienda.

Cómo reparar una facia de madera

Quite las canales, las molduras de los techados y cualquier otro elemento conectado a la facia. Desprenda con cuidado el área averiada usando una barra plana. Quite todo el tablero incluyendo las puntillas viejas.

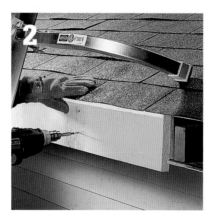

Cuadre el disco de la sierra circular en un ángulo de 45° y corte la porción defectuosa del tablero de la facia. Instale de nuevo la facia original no averiada a las vigas o a los soportes del alero con tornillos para terraza de 2". Corte un tablero en ángulo de 45° para reemplazar la sección dañada.

Coloque el tablero de reemplazo. Abra agujeros guía dentro de la facia y viga de soporte. Clave las puntillas insertando las cabezas sobre la superficie (ver foto anexa). Reemplace las molduras y marcos con puntillas galvanizadas 4d. Inserte la cabeza de las puntillas. Aplique sellador y pintura en las nuevas piezas.

Cómo reparar paneles de madera en aleros

Remueva las molduras de soporte de los aleros en el área averiada a lo largo de la facia y la pared exterior. Abra agujeros de acceso y luego use una sierra de vaivén para cortar la pieza dañada. *Consejo: Corte los aleros lo más cerca posible a las vigas o a los soportes de las mismas. Termine los cortes con un cincel, si es necesario.*

Quite la sección averiada del alero con una barra plana de palanca. Corte las tiras de clavado de la misma longitud del área expuesta de las vigas, y clávelas sobre las mismas o sobre sus soportes en los bordes usando tornillos para terraza de 2½".

Corte las piezas de reemplazo a ⅛" más pequeñas que la abertura y usando un material similar al panel original. Si los paneles van a tener conductos de ventilación, abra esas entradas.

Conecte el panel de reemplazo a las tiras de clavado con tornillos para terraza de 2". Si no va a pintar todo el alero después de la reparación, aplique sellador y pintura sobre las piezas de reemplazo antes de instalarlas.

Coloque la moldura del alero otra vez con puntillas galvanizadas 4d. Hunda las cabezas al interior de la superficie.

Llene los huecos de las puntillas, de los tornillos y las uniones con silicona de acrílico. Empareje la silicona a ras con la superficie usando una espátula. Aplique sellador y pintura sobre los paneles.

Reparación de canales

Las canales juegan un papel importante en el proceso de transportar el agua lejos de la estructura. Un buen sistema de canales evita daños sobre la fachada, los cimientos y exterior de la vivienda, así como ayuda a mantener el agua alejada de los sótanos. Cuando fallan las canales, examine la extensión del daño para escoger el mejor método de reparación. Limpie las canales y bajantes lo necesario para mantener todo el sistema en buena condición.

Herramientas y materiales ▸

Barra plana de palanca
Dos sierras con marco
Pistola para silicona
Pistola para
    clavar remaches
Taladro / Martillo
Cepillo de cerdas duras
Espátula
Esponja de metal
Tijeras para cortar latón
Nivel / Palustre
Brocha para pintar
Manguera para jardín
Cuerda de tiza

Retazos de madera
Materiales para
    reemplazar canales
Silicona de acrílico
Cemento para techo
Lámina contra
    la humedad
Tornillos para metal
    o remaches
Soportes de canales
Sellador y pintura
Accesorios para
    reparar canales
Cubiertas de canales

Use un palustre para limpiar las canales de hojas, ramas y todo tipo de mugre, antes de iniciar el arreglo.

Mantenga las canales y las bajantes limpias para que la lluvia pueda ser transportada lejos de la estructura. La mayoría de los problemas de humedad en los sótanos son causados por acumulación de agua cerca de los cimientos. Esto es atribuido casi siempre canales rebosadas y bajantes tapadas.

Cómo destapar canales

Destape las bajantes atascadas con un chorro de agua. Envuelva la manguera de jardín con un trapo e insértela al interior de la bajante. El trapo debe caber a través de la abertura. Abra la llave del agua a su máxima capacidad.

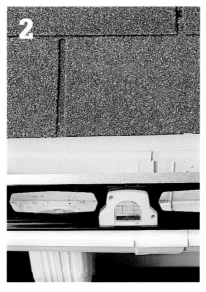

Examine la inclinación de las canales con un nivel. Las canales deben inclinarse un poco hacia las bajantes. Ajuste los soportes si es necesario.

Coloque cubiertas sobre las canales para prevenir atascadas futuras.

Cómo reparar canales combadas y arreglar filtraciones

En el caso de canales combadas, haga una marca con cuerda de tiza sobre la facia para señalar el declive correcto. Quite los soportes cerca de la comba. Levante la canal hasta quedar a ras con la marca de tiza. *Consejo: Un buen declive es de ¼" por cada 10 pies de longitud en dirección hacia las bajantes.*

Reinstale las bajantes cada 24" de distancia, y a 12" de las uniones. Use nuevos soportes si es necesario. No clave las puntillas en los huecos antiguos. Llene los orificios pequeños y las filtraciones menores con silicona para canales.

Use los accesorios para reparación de canales para hacer arreglos temporales sobre daños menores. Siga las instrucciones del fabricante. Para hacer reparaciones permanentes, vea las páginas 194 a 197.

Cómo reparar uniones con goteras

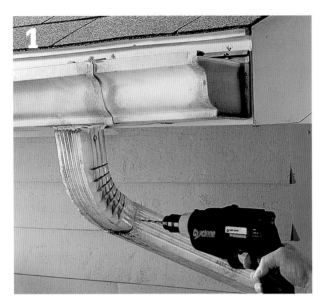

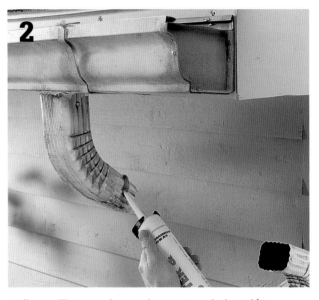

Quite los remaches con un taladro o saque los tornillos de metal para desarmar la unión averiada. Raspe ambas partes de la unión con una esponja de metal. Limpie el área con agua y déjela secar por completo.

Aplique silicona sobre ambas partes de la unión. Ensamble todo de nuevo. Asegure la conexión con remaches o tornillos para metal.

Cómo remendar canales de metal

Limpie el área alrededor del daño. Use un cepillo de cerdas duras. Raspe la superficie con una esponja de metal o una lija fuerte para despegar los residuos. Limpie todo con agua.

Aplique una capa de ⅛" de cemento para techo en forma pareja sobre el daño. Extienda la mezcla una pulgada más allá del área averiada y en todas las direcciones.

Corte, doble y coloque una pieza de lámina contra la humedad al interior de la canal. Póngala sobre la capa de cemento. Quite el exceso de cemento para minimizar turupes que puedan causar acumulación de agua. *Consejo: Para prevenir corrosión, el remiendo debe ser del mismo tipo de metal de la canal.*

Cómo reemplazar una sección de una canal de metal

Quite los soportes de la canal cerca del daño. Coloque retazos de madera como separadores cerca de cada soporte antes de desconectarlos. *Consejo: Si el área averiada es de más de 2 pies de largo, reemplace la sección completa con nuevo material.*

Coloque separadores entre la canal y la facia cerca de cada punta del área dañada para no averiar el techo cuando haga el corte de la canal. Corte el daño con una sierra manual.

Corte la nueva sección de la canal al menos 4" más larga que el espacio del daño.

Limpie las puntas cortadas de la canal antigua con un cepillo con cerdas de metal. Aplique silicona a las puntas y centre la pieza de reemplazo sobre el corte presionándola sobre la silicona.

Asegure el remiendo con remaches o tornillos para metal. Use por lo menos tres remaches en cada unión. Aplique silicona al interior de la canal sobre la cabeza de los tornillos (remaches).

Coloque de nuevo los soportes de las canales. Si es necesario, use nuevos soportes pero no los clave sobre los mismos huecos anteriores. Aplique sellador y pintura sobre el remiendo empatando el color existente.

Reparación de molduras

Algunas molduras del exterior de la casa sirven como decoración, como los adornos exuberantes y ornamentos de la cornisa. Otros, como los usados sobre ladrillos o las cubiertas finales, trabajan en conjunción con la fachada para proteger la casa contra los elementos del clima. Estas molduras deben ser reparadas o reemplazadas con material similar al original.

Si no puede encontrar reemplazos que jueguen con las molduras decorativas instaladas en los centros de distribución de materiales, averigüe en sitios de demolición o contacte aserraderos especializados.

Herramientas y materiales ▸

Martillo / Cincel
Sierra circular
Punzón para hundir las cabezas de puntillas
Navaja / Silicona
Brocha para pintar
Barra plana de palanca
Pistola para silicona
Masilla de resina epóxica para madera
Papel de lija

Adhesivo de resina epóxica
Puntillas galvanizadas 10d
Puntillas anilladas galvanizadas para terraza
Papel de construcción
Canal de borde
Moldura de reemplazo

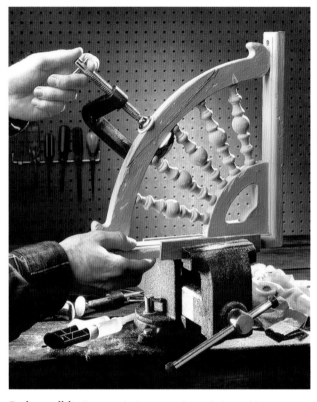

En lo posible, lleve a cabo las reparaciones de las molduras en talleres especializados. Allí tendrá mejores resultados que si intenta repararlos cuando están puestas.

Consejos para reparar y reemplazar molduras

Reinstale la moldura suelta con nuevas puntillas anilladas clavadas cerca de los huecos antiguos. Llene los huecos con silicona que pueda pintarse. Pinte los remiendos con pintura igual al resto de la superficie adyacente.

Repare las molduras decorativas con adhesivo de resina epóxica o pegamento para madera. En el caso de reparaciones grandes, construya las piezas de reemplazo o lleve la moldura a un taller especializado de carpintería.

Cómo reemplazar molduras sobre ladrillos

Use una barra de palanca para quitar la moldura antigua alrededor de las puertas y ventanas. Quite también la canal de borde vieja e inspeccione y repare el papel de construcción si es necesario.

Sostenga la pieza de reemplazo, un poco más larga que la original, sobre la abertura. Marque las líneas de corte a la longitud correcta y a los ángulos exactos.

Canal de borde

Corte una pieza de lámina contra la humedad de 3" de ancho. Póngala a lo largo entre los largueros. Dóblela por la mitad para formar la nueva canal de borde (también puede conseguirla prefabricada). Colóquela entre la fachada y el papel de construcción sobre la puerta o ventana. No la clave con puntillas.

Pruebe el tamaño de la nueva moldura, luego aplique adhesivo para exteriores sobre la parte trasera. Siga las instrucciones del fabricante en cuanto al tiempo de secado del pegamento.

Clave la moldura contra el marco vertical de la puerta con puntillas galvanizadas 10d. Clave las esquinas en ángulo e introduzca las cabezas de las puntillas al interior de la superficie. Cubra todas las uniones y huecos con silicona. Aplique sellador y pintura cuando se seque la silicona.

Tablas de conversión

Dimensiones de los maderos

Nominal - U.S.A	Actual - U.S.A (en pulgadas)	Métrico
1 × 2	¾ × 1½	19 × 38 mm
1 × 3	¾ × 2½	19 × 64 mm
1 × 4	¾ × 3½	19 × 89 mm
1 × 5	¾ × 4½	19 × 114 mm
1 × 6	¾ × 5½	19 × 140 mm
1 × 7	¾ × 6¼	19 × 159 mm
1 × 8	¾ × 7¼	19 × 184 mm
1 × 10	¾ × 9¼	19 × 235 mm
1 × 12	¾ × 11¼	19 × 286 mm
1¼ × 4	1 × 3½	25 × 89 mm
1¼ × 6	1 × 5½	25 × 140 mm
1¼ × 8	1 × 7¼	25 × 184 mm
1¼ × 10	1 × 9¼	25 × 235 mm
1¼ × 12	1 × 11¼	25 × 286 mm

Nominal - U.S.A	Actual - U.S.A (en pulgadas)	Métrico
1½ × 4	1¼ × 3½	32 × 89 mm
1½ × 6	1¼ × 5½	32 × 140 mm
1½ × 8	1¼ × 7¼	32 × 184 mm
1½ × 10	1¼ × 9¼	32 × 235 mm
1½ × 12	1¼ × 11¼	32 × 286 mm
2 × 4	1½ × 3½	38 × 89 mm
2 × 6	1½ × 5½	38 × 140 mm
2 × 8	1½ × 7¼	38 × 184 mm
2 × 10	1½ × 9¼	38 × 235 mm
2 × 12	1½ × 11¼	38 × 286 mm
3 × 6	2½ × 5½	64 × 140 mm
4 × 4	3½ × 3½	89 × 89 mm
4 × 6	3½ × 5½	89 × 140 mm

Conversiones métricas

Para convertir:	En:	Multiplique por:
Pulgadas	Milímetros	25.4
Pulgadas	Centímetros	2.54
Pies	Metros	0.305
Yardas	Metros	0.914
Pulgadas cuadradas	Centímetros cuadrados	6.45
Pies cuadrados	Metros cuadrados	0.093
Yardas cuadradas	Metros cuadrados	0.836
Onzas	Mililitros	30.0
Pintas (USA)	Litros	0.473 (Imp. 0.568)
Cuartos (USA)	Litros	0.946 (Imp. 1.136)
Galones (USA)	Litros	3.785 (Imp. 4.546)
Onzas	Gramos	28.4
Libras	Kilogramos	0.454

Para convertir:	En:	Multiplique por:
Milímetros	Pulgadas	0.039
Centímetros	Pulgadas	0.394
Metros	Pies	3.28
Metros	Yardas	1.09
Centímetros cuadrados	Pulgadas cuadradas	0.155
Metros cuadrados	Pies cuadrados	10.8
Metros cuadrados	Yardas cuadradas	1.2
Mililitros	Onzas	.033
Litros	Pintas (USA)	2.114 (Imp. 1.76)
Litros	Cuartos (USA)	1.057 (Imp. 0.88)
Litros	Galones (USA)	0.264 (Imp. 0.22)
Gramos	Onzas	0.035
Kilogramos	Libras	2.2

Diámetros de los agujeros guía, profundidad, y abertura de la cabeza

Tamaño del tornillo	Diámetro de la abertura para la cabeza del tornillo (en pulgadas)	Profundidad del hueco para el enroscado (en pulgadas)	Diámetro del agujero guía	
			Madera dura (en pulgadas)	Madera suave (en pulgadas)
#1	.146 (⁹⁄₆₄)	⁵⁄₆₄	³⁄₆₄	¹⁄₃₂
#2	¼	³⁄₃₂	³⁄₆₄	¹⁄₃₂
#3	¼	⁷⁄₆₄	¹⁄₁₆	³⁄₆₄
#4	¼	⅛	¹⁄₁₆	³⁄₆₄
#5	¼	⅛	⁵⁄₆₄	¹⁄₁₆
#6	⁵⁄₁₆	⁹⁄₆₄	³⁄₃₂	⁵⁄₆₄
#7	⁵⁄₁₆	⁵⁄₃₂	³⁄₃₂	⁵⁄₆₄
#8	⅜	¹¹⁄₆₄	⅛	³⁄₃₂
#9	⅜	¹¹⁄₆₄	⅛	³⁄₃₂
#10	⅜	³⁄₁₆	⅛	⁷⁄₆₄
#11	½	³⁄₁₆	⁵⁄₃₂	⁹⁄₆₄
#12	½	⁷⁄₃₂	⁹⁄₆₄	⅛

Adhesivos

Tipos	Características	Usos
Adhesivo blanco	**Fortaleza:** moderada; unión rígida **Tiempo de secado:** varias horas **Resistencia al calor:** mala **Resistencia a la humedad:** mala **Precauciones:** ninguna **Limpiado / solvente:** agua y jabón	**Superficies porosas:** Madera (interiores) Papel Tela
Adhesivo amarillo (Pegamento de carpintero)	**Fortaleza:** moderada / buena; unión rígida **Tiempo de secado:** varias horas; más rápido que el pegamento blanco **Resistencia al calor:** moderada **Resistencia a la humedad:** moderada **Precauciones:** ninguna **Limpiado / solvente:** agua y jabón	**Superficies porosas:** Madera (interiores) Papel Tela
Resina epóxica de dos partes	**Fortaleza:** excelente; el más fuerte entre todos los adhesivos **Tiempo de secado:** varía dependiendo del fabricante **Resistencia al calor:** excelente **Resistencia a la humedad:** excelente **Precauciones:** gases tóxicos e inflamables **Limpiado / solvente:** la acetona disolverá algunos tipos	**Superficies porosas y lisas:** Madera (interiores y exteriores) Metal Cemento Vidrio Fibra de vidrio
Adhesivo caliente	**Fortaleza:** depende del tipo **Tiempo de secado:** menos de 60 segundos **Resistencia al calor:** moderada **Resistencia a la humedad:** buena **Precauciones:** el adhesivo caliente puede causar quemaduras **Limpiado / solvente:** el calor ablandará la unión	**Superficies porosas y lisas:** Vidrio Plásticos Madera
Cianoacrilato (Pegamento instantáneo)	**Fortaleza:** excelente pero con poca flexibilidad **Tiempo de secado:** en pocos segundos **Resistencia al calor:** excelente **Resistencia a la humedad:** excelente **Precauciones:** puede adherir la piel instantáneamente; tóxico; inflamable **Limpiado / solvente:** acetona	**Superficies lisas:** Vidrio Cerámicas Plásticos Metal
Adhesivo para construcción	**Fortaleza:** buena a excelente; muy durable **Tiempo de secado:** 24 horas **Resistencia al calor:** buena **Resistencia a la humedad:** excelente **Precauciones:** puede irritar la piel y los ojos **Limpiado / solvente:** agua y jabón (mientras esté mojado)	**Superficies porosas:** Madera de estructura Contrachapado y paneles Tableros de pared Paneles de espuma Cemento
Cemento de contacto a base de agua	**Fortaleza:** buena **Tiempo de secado:** de unión instantánea; secado completo en 30 minutos **Resistencia al calor:** excelente **Resistencia a la humedad:** buena **Precauciones:** puede irritar la piel y los ojos **Limpiado / solvente:** agua y jabón (mientras esté mojado)	**Superficies porosas:** Plásticos laminados Contrachapado Pisos Tela
Sellador de silicona (Silicona)	**Fortaleza:** regular / buena; pegamento muy flexible **Tiempo de secado:** 24 horas **Resistencia al calor:** buena **Resistencia a la humedad:** excelente **Precauciones:** puede irritar la piel y los ojos **Limpiado / solvente:** acetona	**Superficies porosas y lisas:** Madera Cerámicas Fibra de vidrio Plásticos Vidrio

Convertir temperaturas

Convierta grados Farenheit (F) a grados Centígrados (C) siguiendo esta simple fórmula: Reste 32 de la temperatura Farenheit. Luego multiplique ese número por $\frac{5}{9}$. Por ejemplo, 77°F - 32 = 45. 45 × $\frac{5}{9}$ = 25°C.

Para convertir grados Centígrados en grados Farenheit, multiplique la temperatura en Centígrados por $\frac{9}{5}$. Luego adicione 32. Por ejemplo, 25°C × $\frac{9}{5}$ = 45. 45 + 32 = 77°F.

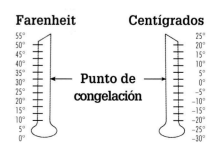

Farenheit

Centígrados

Punto de congelación

Recursos

AGI Group, Inc.
800 823 6677
www.decorativeshutters.com

Alcoa Home Exteriors, Inc.
800 962 6973
www.alcoahomes.com

Alside
800 922 6009
www.alside.com

Alcoa
888 ALCOA 123
www.alcoa.com

The Brick Industry Association
703 620 0010
www.bia.org

CertainTeed Corporation
800 782 8777
www.certainteed.com

Clay Tile
MCA Superior Clay Roof Tile
800 736 6221
Www.mca-tile.com

Cultured Stone, Corp.
800 255 1727
www.culturedstone.com

DaVinci
800 328 4624
www.davinciroofscapes.com

Dupont
800 44-TYVEK
www.tyvek.com

Easy Heat, Inc.
800 537 4732
www.easyheat.com

GAF Materials Corporation
973 628 3000
www.gaf.com

James Hardie® Siding Products
866 4-Hardie
www.jameshardie.com

La Habra Stucco
877 547 8822
www.lahabrastucco.com

MCA Superior Clay Roof Tile
800 736 6221
www.mca-tile.com

Metal Roofing Alliance
360 275 6164
www.metalroofing.com

MetalWorks
800 320 0101
www.metalworksroof.com

Midwest Lumber
800 862 6003
www.midwestlumberinc.com

Monier Life Tile
800 571 8453
www.monierlifetile.com

National Roofing Contractors Association (NRCA)
847 299 9070
www.nrca.net

Novabrik
866 678 2745
www.novabrik.com

Owens Corning, Masonry Products, LLC
800 255 1727
www.culturedstone.com

ProtectoWrap
877 271 9661
www.protectowrap.com

Roof Depot, Inc.
800 458 8534
www.roofdepot.com

Roof Tile Institute
888 321 9236
www.rooftile.org

The Tapco Group
Mid-America Siding Components, The Foundry, Inspire
Roofing Products, Atlantic Premium Shutters, Wellcraft,
Builders Edge, Vantage, Stonecraft
800 771 4486
www.tapcoint.coms

Vande Hey Raleigh
920 766 0156
www.crmtile.com

Vinyl Siding Institute
888 367 8741
www.vinylsiding.org

Wellington Polymer Technology, Inc.
Techado de material compuesto Enviroshake®
(libre de mantenimiento, alternativa del cedro). Es 95%
derivado de materiales reciclados. Tiene garantía de 50
años; no extendida a terceros.
866 423 3302
www.enviroshake.com

Western Red Cedar Lumber Association
604 684 0266
www.wrcla.org

Western Wood Products Association
503 224 3930
www.wwpa.org

Wheatbelt, Inc.
800 264 5171
www.rollupshutter.com

Fotos y agradecimientos

AGI Group
p. 209 (abajo a la izquierda y a la derecha) fotos cortesía de AGI Group

Alamy
p. 35 foto © David Hoffman Photo Library, Alamy / www.alamy.com; 42 (izquierda) foto © Alamy / www.alamy.com

Alcoa Home Exteriors, Inc.
p. 11 (arriba a la izquierda), 22–23 (todas), 26, 38, 44 (arriba), 47, 118, 183 (abajo a la izquierda) fotos cortesía de Alcoa

Alside
p. 12 (todas), 13 (abajo), 21 (arriba), 36, 72, 183 (en medio a la derecha), 183 (en medio a la derecha), 188 (abajo a la izquierda) fotos cortesía de Alside

Andrea Rugg
p. 6 (abajo), 32 (abajo), 37 fotos © Andrea Rugg

Beth Singer
p. 152 foto © Beth Singer

CertainTeed, Corp.
p. 16, 24, 46 (abajo a la izquierda), 74 fotos cortesía de Certain Teed, Corp.

Clay Tile
p. 9 (abajo), 30, 104 fotos cortesía de Clay Tile

DaVinci
p. 10 (abajo), 29 fotos cortesía de DaVinci

FR Midwest
p. 9 (arriba a la derecha), 146 fotos cortesía de FR Midwest

Gary Russ
p. 9 (arriba a la izquierda) foto © Gary Russ

GAF Materials, Corp.
p. 27, 70, 86, 96 fotos cortesía de GAF Materials, Corp.

Istock
p. 13 foto (arriba) © Jan Paul Schrage, Istock / www.istock.com; 14 foto © Istock / www.istock.com; 33 foto © Newton Page, Istock / www.istock.com; 41 foto © Greg Nicholas, Istock / www.istock.com; 180 foto © Istock / www.istock.com; 204 foto © Jyeshern Cheng, Istock / www.istock.com; 210 foto © / Frances Twitty, Istock / www.istock.com

James Hardie®
p. 140 foto cortesía de James Hardie® Siding Products

Jessie Walker
p. 7 (arriba), 90, 134 fotos © Jessie Walker

Karen Melvin
p. 208 foto (arriba a la derecha) © Karen Melvin

La Habra Stucco
p. 6 (arriba), 172 fotos cortesía de La Habra Stucco

Monier Life
p. 31, 34 (arriba) fotos cortesía de Monier Life

Novabrik
p. 8 (arriba), 43 (abajo), 166 fotos cortesía de Novabrik

Owens Corning
p. 11 (arriba a la derecha y abajo), 43 (arriba), 162 fotos cortesía de Owens Corning

ProtectoWrap
p. 116 (arriba) fotos cortesía de ProtectoWrap

Mark Samu
p. 60, 108 fotos © Mark Samu

Scot Zimmerman
p. 4, 40 (izquierda), 190 (izquierda) fotos © Scot Zimmerman

The Tapco Group
p. 3 Inspire Roofing Products, 7 (las dos inferiores) Mid-American Components, 8 (abajo) StoneCraft, 21 The Foundary, 39 The Foundary, 42 (abajo a la derecha)—todas las fotos cortesía de The Tapco Group

Wellington Technology
p. 10 (arriba), 34 (abajo) fotos Wellington Technology

Wheatbelt, Inc.
p. 209 (abajo en el medio) foto cortesía de Wheatbelt, Inc.

Índice

Otras obras Creative Publishing international

Black & Decker®
La Guía Completa sobre
Instalaciones Eléctricas

ISBN: 978-1-58923-485-7

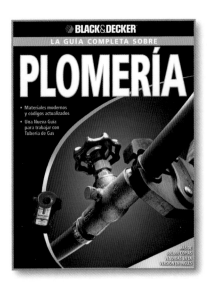

Black & Decker®
La Guía Completa sobre
Plomería

ISBN: 978-1-58923-486-4

¡Pronto a Publicarse en Español!

Black & Decker
La Guía Completa sobre
Puertas y Ventanas
ISBN: 978-1-58923-548-9
• Reparar
• Renovar
• Reemplazar

Black & Decker
Las Guía Completa sobre
Decoración con Baldosa
de Cerámica
ISBN: 978-1-58923-517-5
• Técnicas modernas y diseños para
pisos, paredes, cocinas, baños y otros
acabados atractivos

Black & Decker
La Guía Completa sobre Pisos
ISBN: 978-1-58923-547-2
• Incluye nuevos productos
y técnicas de instalación
• Reparación y acabados
de pisos de madera
• Pisos laminados, de baldosa,
alfombra y otros

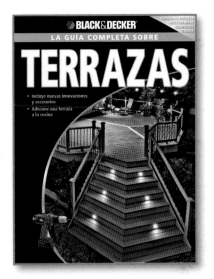

Black & Decker®
La Guía Completa sobre
Terrazas

ISBN: 978-1-58923-490-1

Black & Decker®
La Guía Completa sobre
Albañilería y Mampostería

ISBN: 978-1-58923-491-8

WITHDRAWN

400 First Avenue North • Minneapolis, MN 55401 • www.creativepub.com • www.quaysidepublishinggroup.com